初めて教壇に立つあなたへ

ウルトラ教師学入門

伴 一孝　TOSS長崎　著

明治図書

まえがき

「TOSS学生セミナー」の全国展開が進行中です（開催御希望の方は伴宛に御連絡ください〈ban@tossnagasaki.gr.jp〉）。学生・講師の方に，本当に役立つ情報が必要です。教員採用試験を控えた人達は，熱心で情報に敏感です。「TOSS学生セミナー」は，どこの会場も大好評なのです。これは，きっと大きなうねりになっていくでしょう。

先日，「TOSS学生セミナー」の会場で，受講する学生・講師の方々に尋ねてみました。

---

① 大学あるいは教育実習で，漢字の教え方を教わりましたか？
② 大学あるいは教育実習で，計算練習のさせ方を教わりましたか？
③ （講師の方に）学校等の公的研究会・研修会で，漢字の教え方・計算練習のさせ方を教わった経験がありますか？

結果は，一般社会の人々にとっては「驚き」かも知れませんが，私達には予想通りでした。①～③まで，YESと答えた人は，「0名」なのです。

これが，「TOSS学生セミナー」に足を運ぶような，アンテナの高い学生・講師の方の反応です。信頼度は高いと言えるでしょう。

要するに，教員養成系の大学も，教育実習担当校も，公的な研究も研修も，ベーシックな事は素通りして，役立たずの「崇高なる理念」ばかりを扱っているのです。だから現場では，皆どうやって「漢字」や「計算」を教えているのかというと，「自分がかつて小学校で習った方法」を，うろ覚えで教えているだけなのです。恥ずかしい話ですが，学校というところには，「ど素人」のやり方が蔓延しています。大学でも附属でも職場でも，「漢字」や「計算」の話は出ないのに，「子供が生き生きと取り組む」だとか，「瞳が輝く」だとか，「21世紀を生き抜く」等という，抽象的で歯の浮くような，話は沢山聞か

されると聞きます。教育に携わる人間が，最も心を砕かなければならない具体的問題から逃げて，空理空論ばかり振り回しているのです。

　本書では，学生や講師の皆さん，経験の浅い先生方にとって，本当に役立つ情報を，整理して御提供しました。ぜひ本書を活用して，毎日元気に仕事のできる「ウルトラ教師」になっていただきたいと願います。

ＴＯＳＳ長崎代表　伴　一孝

目　次

まえがき

Ⅰ　初めて学校に行った時の5箇条

1　赴任するまでにやっておくこと …………………………10
2　先輩教師が一目置くような挨拶の仕方と
　　職員室での振る舞い方 ……………………………………14
3　机上フラットで，仕事スイスイ，付き合いホイホイ ……18
4　始業式の挨拶で学校の人気者になれる挨拶の仕方
　　〜意表をついた挨拶が，子どもの心をつかむ〜 ………22
5　教室で子どもの心をわしづかみにする初めての挨拶
　　〜はじめに毅然と話し，次に似顔絵を描いて人気を得る〜 ………26

Ⅱ　子どもの心をわしづかみにする学級経営のいろは

1　1年間経っても学級が安定する3日間の布石 ……………32
2　教師が何も言わなくても，係の仕事に
　　進んで取り組む学級のシステム …………………………36
3　短い時間で教室をきれいにする掃除のシステム ………40

4	時間内に食べ終える給食システム …………………………	44
5	子どもに任せる日直の仕事 …………………………………	48
6	いじめが起こらない学級経営には 一つ一つ意味がある ………………………………………	52
7	学級崩壊をさせてしまった時の救急法 ……………………	56
8	しこりを残さない喧嘩への対応 ……………………………	60
9	子どもとの関わり方を間違えると学級が荒れる …………	64
10	子どもが喜ぶ席替えのやり方 5 ……………………………	68
11	子どものことを考えた教室の環境作り シンプル且つ効率的な教室環境作りのコツ 5 …………	72

Ⅲ 大学では教えてもらえなかった！授業のいろは

1	子どもの成績が変わる！ 子どもに持たせる学習道具とその使い方 ………………	78
2	導入 3 分で子どもの心を釘付けにするプロの導入法 ……	82
3	基本中の基本「教科書」はこのように使う 事前指導の「手入れ」で決まる，音読指導うんちくベスト 3 ……	86
4	〈国語〉子どもが「またやって！」と言ってくる授業例 ……	90
5	〈国語〉平均95点を超える漢字の指導法 …………………	94
6	〈国語〉誰もがスラスラ読めるようになる音読のさせ方 ……	98
7	〈算数〉平均点90点以上!!　できない子を	

できるようにする授業　～毎時間の授業の「型」を作る～……………102
8　〈算数〉宿題は出さなくても力がつく計算の指導法………………106
9　教材研究があっという間にできる！
　　インターネットランド活用法……………………………………………110
10　間違っちゃいけない学習障害児への対応……………………………112
11　教師の実力をつける学習指導案の書き方……………………………116

Ⅳ　こうすれば信頼される！　保護者との接し方

1　子どもや親の不安を吹き飛ばす保護者への挨拶
　　学力保証を前面に出し，保護者の不安を吹き飛ばす………………122
2　20分あれば書ける！　親も子どもも喜ぶ
　　学級通信のノウハウ……………………………………………………126
3　保護者の信頼を得る家庭訪問のやり方………………………………130
4　トラブルが起きた時の対処法…………………………………………134
5　保護者が安心する学級懇談会の仕組み
　　～学級懇談会には，必ずモノを準備する～…………………………138

Ⅴ　あなたの力量を優れた教材が支える

1　絶対にお薦め！　クラスがまとまる「五色百人一首」……………144
2　平均点がみるみるアップする

「漢字スキル」「計算スキル」……………………148
3　「できた！」と子どもたちが喜ぶ
　　「くるりんベルト」「スーパーとびなわ」…………150
4　ボランティア学習にお薦め「学習点字ペン」……152
5　教室がシーンとなる「うつしまるくん」…………154
6　子どもが喜んで取り組む「暗唱・直写スキル」…156

Ⅰ

初めて学校に行った時の5箇条

1 赴任するまでにやっておくこと

(1) 基本文献を読め

　教師として，勤務校に赴任する前に必ずやっておくことがいくつかある。中でも，子どもに教育をする教師として必ず読んでおかねばならない文献がある。3月中に，最低3回は熟読しておくこと。これらの本は，書店やインターネットで取り寄せができる。教師必読の書である。（以下は，いずれも明治図書刊）

○授業の腕を上げる法則　　向山洋一著
○続授業の腕を上げる法則　　向山洋一著
○学級を組織する法則　　　　向山洋一著
○いじめの構造を破壊せよ　　向山洋一著

(2) パソコン・インターネット活用の技術を身につけよ

　教師たるもの，パソコン・インターネット活用は基本中の基本である。採用試験に簡単な英会話・パソコン活用の実技を取り入れている都道府県もある。学校の事務文書はそのほとんどがパソコンで作成され情報を共有化している。自分はパソコンはちょっと苦手だという人がいたら，得意な友だちや知り合いに頼むかして，インターネット接続・メールアドレス取得，ワード・エクセルの簡単な操作ができるように準備をしていて欲しい。

(3) ノートを用意せよ

　Ｂ５版１冊のノートを用意する。先の基本文献でここは重要だと思った所を，ノートに書き写す。ぜひ手書きでお願いしたい。著書の言葉を書き写しながら自分の心に刻みつけるのである。
　次に，インターネットから情報を取り出しノートに貼り付けていく。
　世界最大の教育ポータルサイト『インターネットランド（ＴＯＳＳ商標）http://www.tos-landnet 』にアクセスする。キーワード検索で「黄金の３日間」と入力する。沢山のサイト一覧が出てくる。これらを丁寧に閲覧し，重要な情報は全てプリントアウトすること。できればＢ５に縮小印刷をした方がよい。余白を切り取り，一つ一つ丁寧に貼り付けていく。担任が分かっていれば，その該当学年を優先する。学年が分かっていなくても，応用が効くので，時間を惜しまずプリントアウトすること。教師生活の１年は，始業式の３日間に決まる。この時期に何の準備もしておかないと，学級が組織として機能しない。初日・２日目・３日目ごとに，整理し，自分のプランを立てるようにする。

(4) 挨拶の時用意するもの

　勤務校に事前に挨拶に行く場合，必ず用意しておくべきものがある。

○自前の湯飲み（器の底に自分の名前を書いておく）
○上履きの運動靴　　　　○校区の地図
（インターネットの地図サービスをプリントアウトしておく）

　挨拶に行くその時から，私達はお客ではなく，勤務校の職員として振る舞わなければならない。さすがにお茶は，備え付けのものを用意してくれるだ

ろうが，飲み終わった後，必ず自分で運び，給湯室を把握する。器の底に，油性マジックで名前を書いた湯飲みを置かせてもらう。その際，基本的なレイアウト，給湯室をメモしておく。

　同僚にお茶を入れるのも大切な仕事なのである。一流の教師は例外なくお茶の入れ方がうまい。気配り・配慮が行き届くからである。

　次に，上履きである。職場では，多くの教師がサンダルを愛用しているだろう。しかし，本気で優れた教師になろうと思ったら，履き物は踵のついた運動靴にすべきである。サンダルでは教室内を移動するとき，パタパタと音が出てしまう。施設内を素早く移動することもできない。斉藤喜博・向山洋一氏，教育史に名を残す実践家は例外なく運動靴を着用していた。余談だが，学校に多くの業者が出入りする。その業者には，学校の来客用スリッパを着用する者と自前の上履きを用意する者の二者に分かれる。筆者が観察した中で，社員教育がきちんとなされている業者は例外なく，自前の上履きを用意していた。「自分達は客ではない。」という自覚を持って行動している。この態度は教師も見習うべきである。地区の隣接校に研修で来校するときには，自前の上履きを持っていくべきである。このようなたしなみ1つで教師の実力を測られていることを忘れてはいけない。どこへ行くにも私達は客ではない。

(5)　通勤経路は下見をせよ

　インターネット上には「マピオン」等の，地図出力サービスを無料で利用できるサイトがある。知りたい場所の住所を入力すると，縮尺の異なる地図を何枚か表示させることができる。可能ならばプリントアウトし，ノートに貼り付けておく。通勤の手段は，公共の交通機関でも自家用車でも，事前に経路を下見しておく必要がある。自宅からどの程度の時間がかかるか把握しておくのである。不可能ならば，挨拶当日，1時間前には到着するよう余裕

を持って出かけなければならない。早目についたら，学校近辺を散策してみる。勤務校周辺の様々な情報を入手することができる。ノートを片手に，目に付くものをメモしていく。授業の素材が隠れているかもしれない。

(6) 学校について質問をせよ

赴任する学校では，校長ないし教頭から学校について説明を受ける。ただし，こちらが知りたい情報をすべて教えてくれるとは限らない。事前にいくつかの質問事項を用意しておいた方がよい。

○職員数　○児童数　○ＰＴＡ会員数　○登校下校の方法　○勤務時刻　○担任学年　○学校から自宅が一番遠い子どもの登校時間　○九九の定着率　○漢字の習得率　○全体的な子どものイメージ　○特別に支援を要する子どもの存在

事前に説明してくれる事項もあれば，質問しても返答に窮するもの，教えてくれないものもあるだろう。学校から自宅が一番遠い子どもの登校時間が即座に答えられる学校なら，子どもの事実をよくつかんでいると認識してよい。九九の定着率・漢字の習得率をまともに答えられる管理職はほとんどいないだろう。少なくとも自分の学級は数値で答えられるよう実態をつかんでほしい。

（山西　浩文）

2　先輩教師が一目置くような挨拶の仕方と職員室での振る舞い方

(1) 挨拶を届ける

挨拶が大切であることは言うまでもない。

問題は，相手への届け方である。

朝から，暗い感じの挨拶をする人がいる。本人としては，それが普通なのであろうが，「何かあったのだろうか」といらぬ気をつかってしまう。

しっかりと相手の目を見て，挨拶をした方がよい。にっこりとほほえむことができれば最高だ。

また，勤務が終わって職員室を出る時も同じである。

他の人よりも先に帰る時は「お先に失礼します」，残業をする人がいる時には「お疲れさまです」と言う。

(2) 身ぎれいにする

若い時には，少々身なりに"すき"があっても，若さがカバーしてくれた。

ところが，中年になると"パワー"というか"華やかさ"というか，そういったものがどうしても衰えていく。

TOSS長崎代表の伴一孝氏は，次のようなことをおっしゃっている。

「クラスの子どもたちは，担任の先生にかっこよくあってほしいと願っている。全校朝会の時，他の先生がスーツでビシッとしているのに，自分の先生がジャージなんかでいたら，がっかりする。高学年にもなると，女子はとくに敏感だ。汚い格好をしているだけで嫌われる。」

身だしなみに気をつけることには，自分の気持ちを引き締めるという効用もある。朝の忙しい時間に，スーツを着るというのは，結構エネルギーがいるものだ。

しかし，そのおかげで，自分は教師なのだという自信や誇りが生まれる。

授業参観の日だけスーツを着る，といった恥ずかしいまねはやめよう。逆に言えば，子どもを馬鹿にしていることになるのだ。私たちが取り組む相手は，教室にいる子どもたちである。

毎日，ネクタイを締めて通勤するだけで，保護者からも同僚からも"あいつは違う"と思ってもらえるはずだ。

(3) 悪口の輪に入らない

狭い職員室の中で，話の輪に入らないというのは，無視しているようで気が引けるものだ。

時には，同僚にぐちをこぼしたいこともあろう。

権力で動かそうとする上司もいれば，理不尽な要求をしてくる保護者もいる。たまには，それをネタに大いに盛り上がりたいところだ。

しかし，ほどほどにしておこう。

悪口は，巡り巡って，結局は自分に返ってくる。

以前，事務の先生に教えてもらったことがある。

「もし，誰かの悪口が始まって，自分に話を振られたら，うかつに『そうですね』と相づちを打ってはいけない。どこから話が漏れて，いらぬ敵をつくるか分からない。そんなときは，『そうですか』と初めて聞くような振

りをせよ。」

　いつも冷静にいることはできないが，極力悪口に乗らないように心がけることで，信用は得られるものだ。
　もし，どうしても言いたいことがあれば，職員会議の中で，あるいは相手に直接言うべきだ。

(4)　期日に遅れない

　仕事には，様々な締め切りがある。
　ところが，学校という職場では，その締め切りがなし崩しになることがよくある。
　確かに，人間相手の仕事というのは，アクシデントに見舞われやすい。そのために，「時間がとれなかった」と言いたくなる気持ちも分かる。
　しかし，だからと言って，遅れていいという理由にはならない。
　それぞれの担当が，全体の仕事を見通して設定した締め切りだ。それを，自分の理屈だけで変えてよいわけがない。
　もし，遅れるにしても「申し訳ない」という気持ちを示すべきだ。
　新任のうちは，仕事が勤務時間内に終わらないこともあるだろう。そういう時は，残ってすることだ。
　やるべきこともやらないでさっさと帰るような人間は，やがて誰からも相手にされなくなる。
　恐ろしいのは，そのことを「誰も教えてくれない」ということだ。

(5)　自ら求めて教えを請う

　若いうちは，とにかく何でも尋ねることだ。小さなことでいい。
　靴の揃え方，白衣の保管のしかた，黒板の消し方，係りの決め方など何で

もあるはずだ。

　他人から「教えてください」と頭を下げられて、断る人間はいない。ましてや、同じ職場の後輩だ。喜んで教えてくれるはずだ。

　学生の頃は、教えてもらうことが当たり前だった。

　しかし、仕事は違う。自ら、求めていかない限り、誰も教えてくれない。誰だって自分のことで精一杯なのだ。新任と組むような先生は、実力があり、人柄もいいはずだ。

　しかし、何から何まで教えてくれはしない。

　始業式が終わった瞬間から、自分のクラスは自分で見なければいけない。

　教室に戻ったらまず、何をするのか。その次は、何をするのか。その時に、どんな話をすればいいのか。次の日には、何を持ってこさせるのか。

　小さなことのようだが、一日はその連続なのだ。

　尋ねてまねをするのと、知らずに我流でやるのとでは、後々大きな差となって表れる。学級を荒らすのは、間違いなく後者だ。

「どんどん質問しよう」

　先輩教師は、そんな新人を驚きの目で見るとともに、可愛くも感じるはずである。

（森永　祐司）

3　机上フラットで，仕事スイスイ，付き合いホイホイ

　仕事ができる人の机とはどうなっているのだろうか。実は一発で分かる方法がある。これだ。

> 机の上に何も載っていない。

　『デジタル気分』というインターネット上のサークルがある（申込先：末光秀昭氏　E-mail　xlr-suemitsu@nifty.com）。ＴＯＳＳ長崎代表の伴一孝氏の机上には「何もない」というメールが流れた。すると全国津々浦々で以下の現象が出現した。

> 私も机の上にあるプリント・本を全部片づけました！

　机の上をフラットにする現象が起こったのだ。名付けて机上フラット現象ともいおうか。フラットとは平らなこと，平面という意味だ。次頁の写真は，現在私が勤務している学校の机である。
　見ての通り何もない。ちなみに校内で私と同じ状態を保っているのは，教頭と校長ぐらいだ。さて，机上フラット整理術を実施した場合のメリットはコレだ！

> ①　幸運が訪れる！
> ②　仕事がはかどり，無駄がなくなる！
> ③　人付き合いが上手くいく！

(1) 幸運が訪れる！

机の上には何もない。常にフラットな状態に保つにはポリシーが必要だ。

> プリントが配られたら，即ファイルに綴じるぞ！

これによって次のメリットが生じる。
○プリントが紛失しない。○あの人は仕事ができる！
だから次のような結果になる。
信頼される・認められる！
そして私は校長から次のように言われた。
「吉武先生，郡の代表として特別活動の実践発表者になっていただけませんか」
　耳を疑った。教師生活5年目にして初めて言われたことだった。法則化の教師である私が頼まれごとを断ろうはずがない。「私で良かったら，ぜひやらせていただきます」と返答したことを覚えている。そのあと教師6年目には，

なんと九州特別活動実践発表者の長崎県代表に選ばれて沖縄で発表することになった。まさかこのような幸運が２度も続くとは正直全く思っていなかった。

これも机上フラット整理術を実践したおかげだ。沖縄旅行を満喫しながら実践発表も無事に終えた。この時ほど，ネットサークルで学んでいて良かったと心底思わずにはいられなかった。私はただ「机に何もおかない」ことを徹底しただけなのである。

(2) 仕事がはかどり，無駄がなくなる！

机の上を常時フラットな状態に保たなければならない。すると実現するためには，**要らないものはどんどん捨てなければならない。**

だから机の中がこうなる。

必要なものだけファイルされている。

これについては，新牧賢三郎氏（『向山式ファイルで教師の実力アップ術』明治図書 P20）も次のように述べている。

以前，向山氏にファイルをする秘訣を教わった。秘訣は２つあるという。
その１　自分が書いたプリントはすべてファイルし，残す。
その２　ファイルは細分化して作る。

よって次のようなメリットが生じる。

必要な情報をすぐに検索できる！

したがって仕事をする効率が従来の3倍はアップする。

(3) 人付き合いが上手くいく！

机上フラットは人付き合いも活性化させる。例えば先生は，自分のプリントを他の先生の机上に置くとき，どうやって置くだろうか。私の場合，職員会議などで目を通していただくプリントは，裏返しにしてその裏に「付箋」を貼る。付箋には次のように書く。

> 「ご指導よろしくお願いいたします。」

ちゃんと「角」をそろえて一人一人の机の上にプリントを置いていくのだ。当然他の先生も，自分の机に「角をそろえて」プリントを置くか，私は監視する。または個人で頼む場合，担当の先生が不在であれば，「付箋」を貼ってプリントを裏返しにして一言「お願いします」と書いてあるかチェックする！　これができる人は，口先だけの人間でないことが多い。よっていい付き合いができる。これは伴一孝氏から学んだ。ささいなプリント配りだが，相手の人間性を見極める絶好のチャンスなのである。

（吉武　徹也）

4 始業式の挨拶で学校の人気者になれる挨拶の仕方 ～意表をついた挨拶が,子どもの心をつかむ～

(1) いきなり歌を歌った

　この実践は，小林幸雄氏の論文（『授業の原理原則トークライン』NO.16 1996 4－5月号 P23）を参考にしている。(注文先FAX (0868)-22-8632)
　壇上で進み出ていきなり歌を歌った。

ちょうちょう　ちょうちょう

> 菜の葉に　とまれ
> 菜の葉に　あいたら
> 桜にとまれ

全校500名の生徒が「何だ何だ？」という顔で私を見ている。

> 蝶々が，桜の花に止まった姿を見たことがある人？

挙手させた。半分以上の子どもたちが挙げる。
今度は次の指示を出した。

> 　もう1度，今度は自分たちで歌ってみます。「ちょうちょう」から，サンハイ！

全校一斉に歌を歌う。教師は，「いい声が出せましたね。さすが○○小学校の子どもたち。4月からやる気十分です」と思いっきり誉めてあげると良い。

> 　もう1度聞きます。蝶々が，桜の花に止まった姿を見たことがある人？

けげんそうな顔をして手を挙げる子もいるが，大方は「うん？　見たことあったかな？」と隣同士で話し合う姿が見られるようになる。

> 　歌詞の中に，「菜の葉にあいたら，桜にとまれ」とあります。再度聞きます。蝶々は，桜の花に止まったのですか，止まっていないのですか。

「止まった」，「止まってない」などという呟きが聞こえてくるはずだ。ここ

でおもむろに次のように言う。

> 「桜にとまれ」とありますから，まだ蝶々は桜の花に止まってはいませんね。止まったところを見たらぜひ先生に教えてください。私の名前は，吉武徹也（よしたけてつや）と言います。よろしくお願いします。

翌日，子どもたちが学年に関係なく，「先生，桜に蝶々が止まるの，見たよ」，「見なかったよ」と話しかけてくること受け合いである。

さて，正解はというと，次のようになる。

実際は桜に止まるそうだ。しかし，なかなかめったに見られない光景だそうである。私自身は見たこと無いが，もし学校にプロジェクターとパソコンがあれば，ぜひ実際の写真を投影して答えを見せてもいいだろう。「おおーっ」という声が全校に響くに違いない。

(2) TOSSランド（http://www.tos-land.net）を活用して，人気者になる

次のHPを参考にして挨拶をした。

> http://www.rifnet.or.jp/~aoki/39sinnin-index.htm
> 和歌山県新宮市立千穂小学校／青木勝隆氏作成

明るく笑顔で壇上に上がっておもむろに言う。

> 先生は「きゅう」のつく時間が大好きです。
> 「きゅう」のつく時間と言えば，例えば何ですか？

ここで少し子どもたちに考えさせる。最初であるから全校の雰囲気も堅い。間を置いてから，次のように言えばよい。

> それは，「きゅう憩時間」と「きゅう食時間」です。

全校生徒，ドドッ！　と笑いが起こること受け合いである。

> 休憩時間と，給食時間に私を見かけたらぜひ声をかけてください。
> 私の名前は，吉武徹也（よしたけてつや）と言います。覚えた人？

手を挙げさせ，再度先生の名前を言わせる。その時「休憩時間と給食時間が好きな…，さんはい」と言い，子どもに「吉武徹也先生」と言わせて終わる。あっという間に学校中の人気者になる。

（吉武　徹也）

5　教室で子どもの心をわしづかみにする初めての挨拶
　～はじめに毅然と話し，次に似顔絵を描いて人気を得る～

(1)　教室に入って話す教師の30秒スピーチ

教室に入ってすぐ，子どもたちに次のように話した。

　私の名前は吉武徹也といいます。趣味は剣道です。4段の腕前を持っています。家族は4人です。私を含めて，妻1人子ども2人です。年齢はここだけなんですが，18才です。
　好きな食べ物は焼き肉です。先生の徹也というのは，30秒になりましたね。終わります。拍手！

　これで子どもたちの話をわしづかみにできると考えていた。理由は次の通りだ。

①自分がスピーチすることで，子どもたちにも「スピーチしなければいけないんだよ」とメッセージを送る。
②家で，30秒以内で言えるように練習させる。何事も「練習」という努力があってこそ，「できるんだ」ということを知らせるため。

しかし，事実は違った。教室がピリッとした雰囲気ではなかったのである。TOSS長崎代表の伴一孝氏から下のように指導を受けた。

最初に語るのは，自分がどういうことをやるのかを語る。
「皆さんと一緒にこの教室で，1年間勉強することになりました。この教室で勉強できるのは，先生ともお友達ともこの1年間だけです。だから，1日1日を大事に勉強していきましょうね。」

そこで，次の2点を必ず子どもたちの前で言うと良いことを教えて頂いたのである。

①学校は，みんなが「仲良くする」ためにある。
②学校というところは，「勉強する」ためにある。

たった2つだけだから，子どもたちの心に残るのである。だから，もし問題が起こったら次のように言えば良いわけだ。

今〇〇の問題が起こりました。先生は，4月の最初に言いました。学校は，何をするところですか？ 2つありました。1つは，みんなと仲良くするところ，でしたね。もう1つは？ 学校は勉強するところでした。問題を起こした人，立ちなさい。次は，気をつけなさい。（と言って，

> 問題を起こした子を全体の前で謝らせる）

(2) 簡単な質問を受けた後，先生の顔を描かせる

　上記した2項目を最初に話した後に，教師が自分のことを語ればいいわけだ。教師の30秒スピーチをわざわざやる必要もないということである。そこで，教師自身のことを簡単に下記のように語る。その後，「先生の顔を描かせる」のだ。これをやれば，家庭でも教師の話題で持ちきりになること受け合いだ。

> ○ （年齢）　自称18才。これを言うと，子どもたちは何故か騒ぎ出します。
> ○ （身長）　164cm程度
> ○ （血液型）　A型（でもよくB型じゃないか？　と言われます）
> ○ （好きな食べ物）　カレー，ハンバーグ，てんぷら，オムレツなど
> ○ （酒）　ビールを2はい飲んだら気持ちよく寝てしまいます。
> ○ （カラオケ）　海のトリトン，尾崎豊の歌，流行曲いくつか。
> ○ （スポーツ）　小学1年生の頃から大学生まで剣道を16年間やってきました。
> ○ （家族）　4人家族です。

子どもたちに次のように言う。

> 先生に質問がある人は，どうぞ。

　手を挙げさせても良い。教室の雰囲気もあるので，挙手のみの質問でなくてもいいだろう。

一通り質問を受けた後,教師の似顔絵を描かせる紙を配る。

この似顔絵を確実に保護者へわたるようにするための方法がある。

| 学級通信に,教師の似顔絵を描かせる。 |

通信には,教師の自己紹介も載せて似顔絵もある。必ず親子で話題になり,どんな先生かと人気を博すことができる。

(吉武　徹也)

子どもの心をわしづかみにする学級経営のいろは

1　1年間経っても学級が安定する3日間の布石

> 黄金の3日間に向けて全精力を注ぐのは，プロ教師の常識である

　教師の1年は「黄金の3日間」で決まる。向山氏の言葉である。
　黄金の3日間は，その先1年間の子どもたちとの生活を左右する程重要で，かつ貴重な時間なのである。

(1) 笑顔と真顔

　子どもたちは，笑顔を浮かべている教師が大好きである。
　にっこり微笑みかけてくれる教師に，子どもたちは素直な心を開いてくれる。教室で初めて出会う子どもたちには，最高の微笑みをプレゼントしてあげたい。
　笑顔を浮かべるのにも，練習が要る。口角を上げ，目尻を少し下げ気味にして「にこっ」と微笑む。私は新採の時から鏡の前でよく練習をした。この笑顔ができるようになれば，真顔の威力は倍増する。きちんと指導しなければならない時，真顔になればよい。「先生の顔が変わった！」と子どもたちは感じ，真剣に聞き耳を立てる。睨んだり，怒鳴ったりする必要は全くない。これが，普段からしかめっ面の教師（笑顔のない教師）だと，いざ指導が必要な時，さらに恐い顔をしなければならなくなるのである。

向山氏の，あの包み込むような笑顔が私の目標である。

(2) 誉める

　黄金の3日間では，とにかく子どもを誉めることが大切である。それも，口先だけの誉め言葉ではなく，子どもが納得し，ストンと胸に落ちるように誉めるのである。時折「誉めることも大切だが，誉めてばっかりでは子どもが教師をなめてしまう。厳しい指導が必要だ。」とか「誉めるところがない。」という言葉を耳にする。前者は，誉めることが下手な教師の言葉であり，後者は，教師修行をしていない教師の言葉である。以下は，情緒障害の子を担任することになった時の向山氏の言葉である。

> 　始業式の日，事実で彼をほめなければならなかった。子どもの世界では，わざとらしいことや嘘は通用しないからである。ぼくは，彼の着ている服がぼくと同じでもほめようと思っていた。そのため，ジーパンをはいていったほどだった。彼が立っている地面がきれいでもほめようと思っていた。　（『教師修業十年』明治図書 P57）

　どんなに小さな事でも，些細な事でも，誉めてあげることが大切である。子どもは教師から誉められることが，嬉しいのである。自分を誉め，認めてくれる教師には，子どもは本来の素直な心を開いてくれるようになる。厳しく指導するのは，子どもたちとの間に信頼関係が構築できてからでよい。自分を認めてくれた人からの指導だからこそ，子どもはきちんと聞こうとするのである。誉めてくれない，認めてくれない人から指導（注意）されると，大人でも聞く耳を持たなくなる。子どもはなおさらである。

(3) アドバルーンをたたく

　子どもたちは「この先生は，どこまで許してくれるかな？」と探りを入れてくる。黄金の3日間は特に多い。これをアドバルーンと言う。
・隣りと机を離している。
・教師が話している時に関係ない話をしている。
などは全てそうである。「今日は始業式だから，許してあげようかな」などと思うと次の日はもっと増えている。1番最初にあがったアドバルーンをたたくことが，教師の権威を確立させるポイントである。
　アドバルーンをたたく時は，趣意説明を必ずする。
　例えば「机を離している子」がいる時には「机がきちんと揃っていると気持ちよくお勉強ができます。机の横をきちんと合わせます。」と言って全員を確認する。これでできれば問題ないが，この時，かすかにくっついていない子がいたら，さらに言う。「〇〇君，どうして机をくっつけないのですか？」するとやんちゃな子は「高さが違うからくっつかないんです。」と言ったり，何も言わずに，むすっとした表情を浮かべてくっつけたりする子もいる。これにも対応しなければならない。「高さが違うからくっつかないんですね。他の子を見てごらんなさい。高さが違ってもきちんとくっついています。立ってごらんなさい。もう1度してごらんなさい。できましたか。最初からきちんとするようにします。座りなさい。」むすっとした子も見逃してはならない。「〇〇さん，立ちます。今どうしてむすっとしたのですか。教室はね，お勉強するためにあるのです。皆で一緒に伸びていくためにあるのですよ。〇〇さんだけね，机をくっつけなくてもいいのなら，それは差別になります。〇〇さんだけ机をくっつけなくてもいいと思う人？（他の子に挙手させる）ちゃんとします。座りなさい。」などと指導を入れ，とにかく最初の3日間は細かい事も見逃さないことが大切である。
　最初にアドバルーンをあげる子は，教師の言うことを聞かなくてもいいと

思っている子（学級のボス的な存在）が多いので，確実にたたかなければならない。その教師の言動は，他の子どもたちに「今度の先生は一味違うぞ！」といういい影響を及ぼすのである。

　ただし，アドバルーンをたたく時は，絶対にくどくどと言ってはならない。最初に子どもたちから「ロウルサイ先生だな」と思われたら，取り返すのにしばらくかかる。短くスパッと対応するようにしたい。

(4) 端的に話す

　子どもたちに話す言葉の途中に「え〜」とか「あの〜」などの不要な言葉を入れないようにする。端的に話すことが大切である。教師の話は長い。その長い話に不要な言葉が入ればさらに子どもは聞きにくくなる。ほとんどの場合，「子どもが話を聞かない」のではなく，教師の話が分かりにくいのである。また，話の途中に「え〜と」と言いながら話す教師は子どもから「先生は思いつきで話しているな」とあっさり見抜かれている。「先生は適当に話してるな」ということが子どもにすぐバレてしまうのである。これも笑顔同様，長い時間をかけた訓練が必要である。黄金の3日間では，子どもたちに話す言葉を一字一句書き出して，練習することをおすすめする。大体ではなく，全ての言葉を打ち出し，実際に子どもに向かって言う練習をする。すると，つまったりテンポが悪かったり，同じことを何度も言っていたりすることが分かってくる。もしこれが当日だったら取り返しがつかないが，練習の時はまだ訂正できる。何度も何度も言葉を吟味し，練習する。そして当日の本番に臨むようにするのである。

　紙幅が尽きたが，これ以外にも「可能性の話」「先生が叱る時の3つの約束」など重要な準備がいくつもある。是非，詳細をご自分で調べて（http://www.tos-land.net）実践して頂きたい。

（松田　健之）

2　教師が何も言わなくても、係の仕事に進んで取り組む学級のシステム

係活動と当番活動は違う。向山洋一氏は次のように述べている。

> 　さて、本来の係活動である。
> 　これは、クラス全体にかかわるものであり（従って、クラブみたいなものは入らない）、創意・工夫がかなりできるものである。
> 　すると、次のように言える。
>
> > 　本来の係活動は、文化・スポーツ・レクリエーションが主たる内容となる。
>
> 　例えば、ゲーム係、新聞係、生き物係、掲示係、集会係などがこれにあたる。
> 　　　　　　　　　『教え方のプロ・向山洋一全集　4』明治図書　P55～56

　係活動とは、子どもが創意工夫をこらし、自分たちのやりたいことを学級に反映していく活動なのである。この考えをもとに4月に係活動を組織する。子どもたちに次のように話す。

> 　当番活動と係活動は違います。当番活動は、給食当番や掃除当番のように仕事が決まっていて、絶対に必要な仕事です。係活動は少し違います。学級が明るく、楽しくなるような、自分たちがやってみたいことをするのが係活動なのです。

これまでの係活動を発表させ，当番活動に入るのか，係活動に入るのかを教師が判断してやると子どもたちもイメージができやすい。

次に，係りを作るためのルールを子どもたちに告げる。

・「係」を「会社」と呼ぶこと。
・「会社」だから，リーダーが1人必要。「社長」とする。
・必ず，2人以上で作ること。
・必ず，どこかの会社に入ること。
・仕事をしない会社は，倒産する場合もある。
・仕事をしない人は，リストラされる場合もある。
・会社を作りたい人は，ポスターに「会社名」「メンバー」「仕事内容」を書いて，みんなの前で発表すること。
・発表して，ほとんどの人が設立を認めたら会社設立となる。

自分たちのやりたいことだから，子どもたちはどんどんアイデアを出し，楽しい係（会社）がたくさん生まれてくるのである。

(1)「所・時・物の原則」で子どもを動かす

子どもたちを動かすには，原則がある。それは，「場所」「時間」「道具」を確保することである。これは，向山洋一氏が提案した「所・時・物の原則」である。係活動を活発にさせたいのであれば，活動をする場と，時間，道具をそろえてやることである。そうすることで，子どもたちはさらにやる気を出し，教師が何も言わなくてもどんどん仕事をするようになる。

(2) 子どもは誉められないと動かない

　仕事に追われていると子どもたちの姿が見えなくなる。子どもたちの姿が見えなくなると誉め言葉も激減する。すると，子どもたちは，活動しなくなる。どんな活動でも同じだ。教室の中でよく見かける状態である。こうなるのには，原因があるのである。それは，

チェックシステムが機能していない

からなのである。では，どこで子どもたちの活動をチェックするか。それは，

発表の場

である。

　週に1度，時間をとって係活動の活動報告を行う。全員の前で1週間の活動を○か×かで自己評定させるのである。

「会社活動の報告をします。社長さん，前に来なさい。」

　社長が前にずらっと並ぶ。教師の合図で，
　　(●●会社です。○です。)
　　(□□会社です。×です。)
というように，次々に，発表していく。
　「○です。」という言葉が出たときが，誉め言葉を発するチャンスである。「えらい」「がんばった！」「すごい」と短く誉め言葉を発していく。そして，

大げさに拍手をする。これだけである。
　「×です。」に対する言葉は、「次がんばりましょう。」これだけである。何週間も「×」が続くようであれば、ちょっとプレッシャーをかけてやる。「やばいなぁ。次で倒産かな……」これぐらいで充分である。こう言われると、ほとんどの会社が何とかしようと策を練りだしてくる。

(3) あとは、誉めて誉めて誉めまくる！

　システムさえ確立してしまえば、教師自身、そのシステムの中に身を委ねればよい。教師には、仕事が山ほどある。いくら、気をつけて子どもを見ていようとしても、仕事に追われて、子どもの姿が見えなくなるものである。そうなると、教師は子どもの活動を「殺す言葉」を連発するようになる。
　「どうして、仕事をしないの？！」
　「ちゃんとしろ！」
　こう言われて、楽しく仕事をする人間がいるだろうか。いるはずがない。
　ものは、考えようである。「誉める言葉」を使わざるを得ない状況に自分自身（教師）を追い込めばよいのである。システムを仕組み、誉め言葉をかけてやるだけで、子どもたちは、どんどんと動き出す。子どもたちの可能性を導き出せるのは、教師の関わりのみである。

（小田　哲也）

3　短い時間で教室をきれいにする掃除のシステム

(1) 一人一人の仕事を明確にする（空白時間の禁止）

教室掃除で，どういう仕事が必要か書き出してみる。主に，次の2つがあると思う。

○　雑巾　　　　○　ほうき

この他にも，細かい掃除場所を決めておかなければ，誰が何をやるのか曖昧になってしまい，すみずみまで掃除が行き届かなくなる。

例えば，ほうき，ぞうきん，机の移動などの全体的な掃除が終わった後，一人一人が何をするのかを決めておく。

○　黒板の溝（前，後ろ）　　　　○　ドアの溝（4カ所）
○　たな（前，後ろ）　　　　　　○　ロッカー
○　机，椅子の足についたごみをとる

これ以外にもあると思うが，とにかく細分化していき，一人一人の分担が明確になるようにする。これにより，空白の時間を禁止する。することがはっきりしていれば，早く掃除は終わる。そうすれば，ゆっくりと次の学習の準備をしたり，読書をしたりできる。

①　教室の床をきれいにする全体的な掃除（全員でする）

②　部分的な掃除（1人1役）

上のような流れを教師が作ってあげる必要がある。

(2)　具体的な掃除方法

まず，大切なことがある。始めに机は教室の前に寄せるのである。なぜかというと，机を教室の前に寄せ，ぞうきん，ほうきの向きを後ろに向けないようにすることで，ほこりが子どもたちのロッカーに入らないのである。

```
┌─────────────────────────────────┐
│  子どもたちのランドセル等を入れているロッカー  │
├─────────────────────────────────┤
│  ↑　×　ぞうきん，ほうきの向きが後ろに向く    │
│        と，ほこりがロッカーに入る。        │
│                                 │
│  ↓　○　始めに，前に机を移動させる。       │
│   □    □    □    □         │
│                                 │
│   □    □    □    □         │
│        ┌──────────┐           │
│        │  教室前面黒板  │           │
│        └──────────┘           │
└─────────────────────────────────┘
```

次に，具体的な掃除方法について説明する。

教室の床をきれいにする全体的な掃除には，①ほうき，②雑巾，③机運びの仕事がある。これも，分担をはっきりさせておく。ほうき3人，雑巾4人，机運び4人，などのようにする。これら3つを同時進行で行う。やり方を，次頁の図に示す。

①
ロッカー

ほうきは，横に動く。

→ほ
→ほ

教室前面黒板

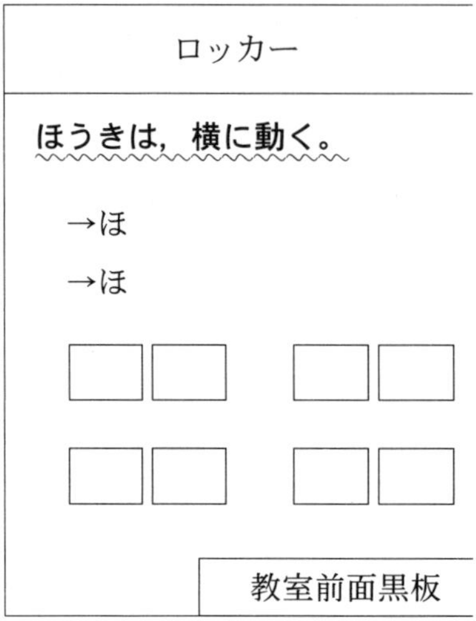

②
ロッカー

雑巾は，前に向かって動く。

↓　↓
ぞ　ぞ　　　　→ほ
　　　　　　　→ほ

教室前面黒板

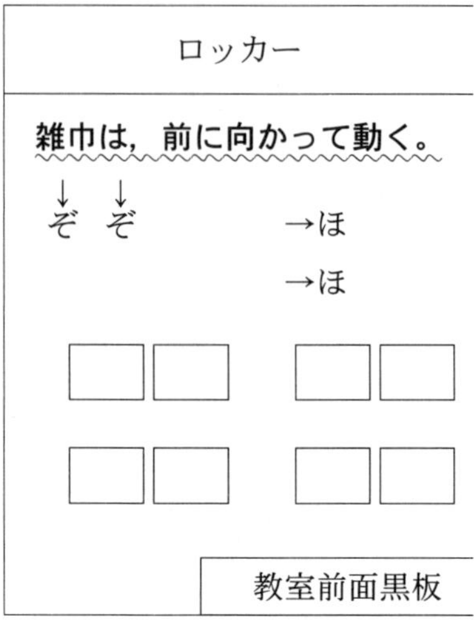

③
ロッカー

　　　　　　ぞ→
　　　　　　　　　→ほ　　ゴ
　　　　　ぞ→　　→ほ　　ミ
　　　　　　　　　→ほ　　↓
　　　　ぞ→　　　　　　●

↑　↑
机　机

雑巾の後，机を運ぶ。

教室前面黒板

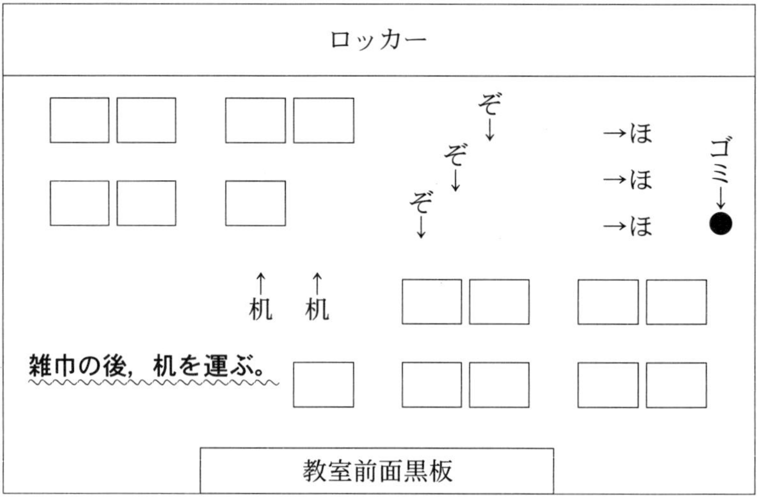

　上の図③の●のように，教室後ろ半分のゴミは一旦1ケ所に集めておく。その後，教室前半分の掃除を同様に行い，最後にゴミを集める。
　このように流れを決めておけば，一生懸命やらざるを得なくなる。
　「ほうきの人，早く始めてください。」

「ぞうきんさん，頑張って。」
などと，子ども同士でアドバイスもし合うようになる。
　さらに，図にあるように，ほうきならば，前，中，後ろと３人の分担場所を決めておく。（ほうきが３人の場合）
　雑巾や机運びについては，順番を決めておくと，
「○○さん，次だよ。」
「次は，ぼくだね。」
などと，声を掛け合い，何もしない状態が生まれない。
　雑巾がけについては，１人が始めたら，
「はしっこを３cmは重ねて拭くようにしてね。」
というように具体的な言葉かけをする。
　全体的な掃除が終わった後，１人１役の仕事に移る。

(3)　掃除場所は１ケ月交代

　掃除場所の交代は，多くの学級では１週間交代で行われている。だが，それだと仕事を覚え始めた頃に交代することになる。１ケ月交代にすることで，子どもたちは仕事のプロになり，早く掃除を終えることができるようになる。

（山下　芳孝）

4　時間内に食べ終える給食システム

　教師の明確な意図と指導が行われなければ、給食の指導は成り立たないのである。

給食を時間内に食べ終えるシステムを作るには2つある。

①教師の時間意識の確立
②食べる時間を確保した残りの時間で準備、後片づけができるシステム

(1)　教師の時間意識の確立

　これが一番大切なことであり、重要なことなのである。教師が時間通りに授業を始めて、時間通りに授業を終えればよいのである。キリのいいところまで授業をしてあげた方が良いというのは、アマチュア教師の言うことであり、怠慢で甘い教師の戯れ言である。授業時間は授業、休み時間は休憩と、はっきりと分けておかなければならないのである。授業が始まっても、いつまでも職員室でお茶を飲んでいるような教師に子どもの指導を行う資格はないのである。なぜか、教師というのは、子どもたちの規範となっている。つまり、教師の言動の全てが子どもに反映するのである。時間にルーズな教師の学級は、子どもたちも時間にルーズになるのである。これを「子どもの自主性に任せて」などと逃げ口上を述べる教師がいる。言語道断である。生活経験の未熟な子どもたちに経験から判断して行動しろと言うのは、釘の打ち方

も知らない，のこぎりの使い方も知らない子どもに，「家を建てろ」と言うようなものなのである。できるはずがない。教師が手取り，足取り，できるようになるまできちんと教えなければならないのである。教師が取り組まなければならないのである。

(2) 食べる時間を確保した残りの時間で準備，後片づけができるシステム

仮に給食の準備から片づけの時間まで45分がとれると設定しよう。その中で，食事に一番長くかかる子を想定して20分と設定しよう。25分で準備，片づけを行うようにすればよいのである。

①責任の所在をはっきりさせる

> 当番活動は，毎日，同じ手順で繰り返される学級全体に奉仕する活動である。(中略　山田) 忘れてならないのは，「仕事の内容」を明確にすることであり，責任の所在をはっきりすることである。どんなことをするのかが明確でないと，いずれクラスは崩れてくる。また，責任の所在がはっきりしていないといずれクラスは崩れてくる。
> 　　　　　(『教え方のプロ・向山洋一全集　4巻』向山洋一　明治図書)

おぼんを担当した子は，準備から片づけまでおぼんを担当する。おぼんが忘れられていたら，その子が責任を持って片づけると言うことである。教師が安易に片づけてやると，「先生がすること」という意識が育ってしまうのである。

②当番の仕事に給食の時間配分の趣意説明をする

　準備のポイントのところで詳しく述べるが，子どもたちに，「給食時間の準備を手早く行うのは，食事をする時間を確保するためである」という趣意説明をしなければならない。

　『授業の腕をあげる法則』（向山洋一著　明治図書）にある「授業の原則十カ条」の『趣意説明の原則』である。「なぜ，それをしないといけないのか」ということを子どもたちが理解していない場合，教師が出張等でいなくなると，給食の準備をちゃんとしなくなってしまう。早いクラスだと，一日の出張でもクラスは荒れてしまう。

③システムの実際

　時間を３分なら３分に設定して待たないことである。時間が来たら出発である。ここで，ゆっくりな子に，柔らかなプレッシャーを与えるのである。くれぐれも待ってはいけない。昨年度，私は子どもたちに次のように指導していた。

　12：15　４時間目終了　　トイレ，手洗い，
　　　　　　　　　　　　　着替え開始
　12：18　衛生チェック　　手洗い，衣服の衛生
　　　　　　　　　　　　　チェックをする。

　　　　４月当初は，教師も列の先頭に立ち，子どもたちと一緒に「帽子・ボタン・手・ツメ」と声をかけて行う。

　　　　　この時に，間に合わなかった子どもを待ってはいけない。間に合わなかった子は，友達同士でチェックして追いついてくるのである。「遅れている子を待たないというのは，そこに，緩やかなプレッシャーが生じると言うことであり，強制力が働くと言うことである。」毎回，毎回，遅れてくる子を怒鳴り散らすような教育と

　　　　　比べてこちらの方が教師にも，子どもにも，精神衛生上格段によい。
12：20　給食の配膳の仕方については，『教え方のプロ・向山洋一全集　34巻　ささやかな場面での子どもとのつきあい方』(明治図書)に詳しく書かれている。
12：30　いただきます。この時に，当番の子の着替えを待ってはいけない。子どもに何も言わないでいると，友達としゃべりながらゆっくり着替える子が出てくる。そのつど，注意するのは，する方もされる方も嫌である。子どもがサッと着替えなくてはいけないという意識を持たせるのである。
12：45　「残り5分」と子どもたちに話す。残っている給食を食べてしまう指示である。しかし，この言葉も，5月中旬には，言わなくともよくなった。
12：50　後片づけ，歯磨きである。

　12：55には，食器の返却まで済んでいた。1：00まで明日の連絡をして，1：00からたっぷり昼休みがとれた。

　ここに記した以外にも，まだまだ，たくさんのポイントがある。ぜひ，ＴＯＳＳのサークルの門を叩いてライブで学んで欲しい。

　　　　　　　　　　　　　　　　　　　　　　　　　　（山田　智英）

5　子どもに任せる日直の仕事

◆TOSSを知る前までは，私は，日直に次のようなことをさせていた。

- ○　朝の会や帰りの会の司会
- ○　授業の終始の挨拶
- ○　給食時の挨拶
- ○　電気をつける，消す
- ○　窓開け，窓閉め
- ○　黒板消し
- ○　日直日誌

　今，思い返すと，ずいぶんと大変な思いをさせていたのだと反省する。毎時間，挨拶をするだけでも，かなりのプレッシャーを感じていた子どももいたことであろう。
　しかし，TOSSを知った後では，これらの日直の仕事のほとんどを無くすか，当番活動に変えた。例えば，授業前の挨拶などは，挨拶をきちんとするために，
「○○さん座ってください。」
「静かにしてください。」
などと日直がやっている間に1，2分は過ぎてしまう。これならば，教師がいきなり学習に引っ張り込む方がよっぽど良い。
　また，朝の会で1日のめあてなどを決めるよりも，朝の会をなくし，代わりに百人一首をする時間に当てるほうがよっぽど子どもたちは楽しく1日を始められる。

他の仕事についても，1人1役の当番活動にすれば，何も日直が必ずしなければならないというものではない。

> しかし，日替わりで全員に経験させたいことは，やはりある。

　ここでは，それらのことを日直の仕事として書いてみる。

(1) 朝の連絡の仕事

　基本的には，教師は始業時には，教室にいるものである。しかし，用事で少し教室に行くのが遅れる場合がある。また，教室に行く前に子どもたちに伝えたいことがある時もある。そこで，日直に，朝の連絡の仕事を任せるのである。

　連絡を聞くには，職員室に入らなくてはいけない。職員室に入るためには，挨拶をきちんとしてから入るようにどの学校でも指導がされているであろう。挨拶をして入ってくる場面を見て，教師は，毎日子どもを日替わりで誉めることができる。また，職員室でなく，下駄箱の所で子どもが待っている場合でも，毎日，日替わりで学級の子どもと1対1で挨拶ができる。挨拶だけでなく，心配事がある子どもにも声かけができるし，個別に子どもを誉める機会にもなる。

　連絡を聞きに来た後は，教室の黒板に連絡事項を書かせる。こうすれば，みんなに呼びかけるのが苦手な子どもがいても大丈夫である。

　以上のようにすれば，朝から子どもを誉めることができる。また，一定期間の中で，全員と個別に必ず話をすることもできる。

(2) 30秒スピーチ

　日直に30秒スピーチをさせると，人前で話をする練習にもなる。1日に1人であるから，無理が無い。（日直を2人ですることも考えられる。）内容は日記に書いてあることでもいい。する時間は，朝，挨拶をして健康観察をした後などに設定する。話し方の指導もできるし，何よりも頑張っている子どもを誉めることができる。

(3) 日直日誌・ホームランノート

　日直日誌として，その日のできごとをノートに記入してもらうことも日直の仕事として任せたい。簡単に記入できるノートを教師があらかじめ作っておく。例えば，次ページのように毎時間の学習の内容が分かる形式である。そうすれば，教師が後から授業の内容で変更した点を確認したり，欠席者などを確認することもできる。

　ホームランノートとは，その日にとてもよく頑張った子どもの名前を書いていくものである。日直日誌の中に項目を挙げて入れてもいい。友だちがどんなことを頑張っていたのか，教師が紹介してあげれば，紹介された子どもも嬉しくなる。

◆以上，私がやっていることを紹介した。少しでも先生方の参考になればと思う。

Ⅱ　子どもの心をわしづかみにする学級経営のいろは　51

★日直日誌の例★

■日付■ ６月７日（金）	１校時目 国語	・漢字スキル10 ・作文の学習
■天気■ 晴れ	２校時目 算数	・わり算 ・計算スキル12
■日直氏名■ 岩永健二	３校時目 書写	・「犬」の清書
■欠席者及び理由■ 南久子（かぜ） 谷郁久（発熱）	４校時目 道徳	・命の大切さについての勉強 ・ビデオを見せてもらった。
	５校時目 読書	・図書室で本を読んだ。
	６校時目 	

■今日の出来事や反省■
・今日は，２人も休みだった。早く良くなってほしい。道徳の勉強が一番印象に残った。自分と同じように友だちも大切にしなければならないことがよく分かった。

（山下　芳孝）

6　いじめが起こらない学級経営には一つ一つ意味がある

(1) 最初に趣意説明せよ

　4月、出会いの日に「何のために学校に来るのか分かりますか。世の中で役立つ人をめざし勉強するためです。また、誰とでも仲良くなるために学校に来るのです。」と述べておくことは極めて大事なことである。
　「先生はみんなが賢くなるためにもっと勉強します。みんなももっと賢くなるように勉強しますか。勉強しようと思う人？　よし、全員手が挙がった。先生はうれしいな。みんなで勉強していこう。」となる。
　しばらくすると、怠けたり、くじけそうになる子には、「みんなで学級目標を決めたでしょう。できることをやろうね。」と励ますことができる。学級目標も「仲良く勉強する4年1組」のようなものに決まるだろう。差別的な言動があった時は、みんなで決めた学級目標が威力を発揮することとなる。
　「Aさん、あなたは今○○と言いました。学級目標は何でしたか。仲良く勉強しよう、でしたね。みんなに聞きます。A君が言った○○は学級目標に合っていると思う人、手を挙げなさい。合ってないと思う人？」
　「教師」対「やんちゃ君」ではなく、他のみんなを味方にしつつ「歯止め」をかけなければならない。

(2) この技術で教師の権威を確立せよ

◆第1問　朝、学校に到着して、靴をどこの靴箱に置くか。
　職員の靴箱に置くか、子どもと同じ靴箱に置くかで、プロ教師かアマ教師

か分かる。

当然，子どもと同じ靴置き場に置く。きちんと入れていなかった子どもに教室で，「A君，Bさん，靴がきちんと入れてありませんでしたよ。明日から，きちんと入れましょうね。」と指導する。

（吹き出し：うむ，みんなきちんと靴を置いているなあ）

子どもたちはびっくりする。「今度の先生は靴の置き方まで見ている」となる。前の学年まで，金曜日に上履きを持って帰らないでも何も言われなかったのに，今度の先生は靴箱をよく見るから，「持って帰って洗って来よう」となる。

◆第2問　子ども用のトイレを使うか，職員用のトイレを使うか。

これも，当然，子ども用のトイレを使うべきである。

なぜなら，"荒れ"の兆候は最初にトイレに表れるからである。

トイレットペーパーの切れ端は散らかっている。芯が転がっている。スリッパが散乱している。落書きがある。トイレのドアが壊されるとなると相当重傷である。10分休憩は子ども用のトイレで用を足し，トイレットペーパーの不足分はないかを調べ，スリッパを並べて出る。教室から職員室に行くときも必ずトイレを覗き，スリッパをきちんと並べる。子どもたちにすれば，いつもスリッパが並んでいる状態となり，それが当然となる。

自分のスリッパだけでなく，他のスリッパをそろえる子が出てくる。大いに誉める。全校朝会でも知らせて誉める。

これらができるのは，子ども用トイレを使うからである。

◆第3問　プリントやテスト用紙を配るか，取りに来させるか。

　これは，取りに来させて，「ありがとうございます。」と言わせるようにする。趣意説明として，次の話をするとよい。

　「このプリントの代金は誰が出しているのですか。お父さんお母さんが汗水垂らして働かれた給料の中から出ているのです。みなさんがもっともっと勉強して賢くなってほしいと願っておられます。先生はお父さんお母さんの願いを受けて，プリントやスキル，テストを選んで買っています。ぜひ，勉強します，という気持ちをこめて"ありがとうございます"と言って受け取るのです。」

◆第4問　体操服を乱雑にして，体育館へと教室を出ていってしまう子どもたちをどう指導するか。

　教師は体育館には行かずに一旦，教室にもどり，着替えの状況を覚える。体育館に行き「A君とB君は脱いだ洋服をきちんと畳んでいませんでした。やり直してらっしゃい。」と言う。これを2～3回繰り返すときちんと畳むようになる。「今度の先生は洋服の畳み方まで見ている！」と子どもは思う。

◆第5問　黒板に落書きをいくら注意してもやめない子にはどのように指導するか。

　「黒板はみんなが勉強するところです。落書きをするところではありません。」と趣意説明をする。そして，きちんと消させ，堅くしぼった雑巾を持ってこさせ，溝や床に落ちたチョークの粉まできちんとふかせる。

◆第6問　体育大会の練習が続く日々，教師は短パン，Tシャツのままで国語や算数の授業をしていいか。

　当然，よくない。教師は着替えて，算数の授業をするのである。

　子どもたちは聞く。「先生，暑くないのですか。」「暑いよ。でも，仕事だか

らね。」と言う。ここで、仕事の厳しさ、子どもと大人の違いをはっきりさせなければ権威はつくれない。

以上、伴一孝氏（『向山型国語教え方教室』副編集長）から、学んだことである。

(3) 相互評定で真剣に掃除をする

　掃除区域は最低１ケ月は変更しないことが条件である。
　教師はその区域に張り付いて、掃除の手順の指導ができる。
　これが、１週間交代だと、掃除の仕方を覚えた頃に次の掃除区域となる。これでは指導ができない。では、教師が指導しているところは熱心にやるが、他の掃除区域ではまじめにしない子が出てきた場合、どのように指導するか。区域毎に相互評定させるとよい。
　「今から、同じ班の人からＡ、Ｂ、Ｃで評定してもらいなさい。始め。では、１番のＡ君から発表しなさい。」「Ｂです。」「Ｃです。」「Ａです。」と子どもたちが相手からの評定を発表する。相互評定は子どもたちにとって厳しいものがある。自分ではなく、友だちの評定である。教師はだまって、名簿に評定をつけていけばよい。時たま、掃除の仕方がひどいときには、にっこりと「やり直しです。」と言う。

（和嶋　一男）

7　学級崩壊をさせてしまった時の救急法

(1) 誰でも崩壊学級を担任する可能性がある

　学級崩壊は，自分が起こすとは限らない。前担任が崩壊させた学級をそのまま自分が担任することもあり得る。だから，「自分は学級崩壊させないから大丈夫。」と考えるのは間違いである。誰でも崩壊学級を担任する可能性があるのである。
　崩壊している学級では，とりあえず，次のことはきちんとしなければならない。

○知的で楽しい授業の保障
○いじめの防止

崩壊した学級を再生させるためには，

知的で楽しい授業

をすることである。
　知的で楽しい授業をすれば，子ども達は精神的に安定してくる。
　学級が荒れると，どうしても学級経営の方に力を入れてしまいがちだが，そうではない。子ども達が荒れるのは，教師の対応のまずさが直接的な原因になっている。しかし，間接的には，「授業が面白くない」ということがあるのである。

高学年の場合，子ども達が学校に来て，帰るまでだいたい８時間学校にいることになる。その中で授業時間は，６時限まであるとすると４時間30分になる。学校生活の半分以上が授業時間なのである。その授業が退屈であれば，子どもたちのエネルギーを発露する場がなくなる。だから，欲求不満的にたまったエネルギーが「荒れ」というマイナス方向に向かうのである。

　私自身にも経験がある。中学生の時だ。知的な授業の時には，積極的に発言もし，授業態度もまじめだった。しかし，退屈な授業の時には，教師を「質問攻め」にして授業を妨害した。１日の中で，授業をまじめに受けるときと，授業を妨害するときがあったのである。

　とにかく知的で楽しい授業をしていくことだ。楽しい授業をどんどんやっていく。「教科書通りにやっていてそんなに楽しい授業はできない。」というのであれば，教科書に載っていないことでも，知的で楽しい授業であれば，どんどんやっていく。学級が崩壊しているのだから，「カリキュラムに載っていない。」などと言っている場合ではない。

　知的で楽しい授業をできるだけ多くやることが学級再生のための最大のポイントである。

　知的で楽しい授業をさがすのであれば，インターネットで以下のサイトを見ればすぐに見つけることができる。

インターネットランド（ＴＯＳＳ商標）（通称「ＴＯＳＳランド」）
http://www.tos-land.net/index2.php

　このＴＯＳＳランドは，「世界最大の教育ポータルサイト」である。全教科の授業，総合学習，学級経営など，何でもそろっている。また，サークルに入って勉強したいというのであれば，全国のサークルがここに紹介されている。

　学級が荒れると，授業の開始時刻に遅れる子どもが増える。それも，授業

の開始5分間に楽しい活動を入れると、授業の開始時刻に遅れないようになる。例えば、ＴＯＳＳランドの中の「都道府県チャレンジャー」をプロジェクターで投影して、子どもたちにさせてみる。あるいは、「50音チャレンジャー」をさせてみる。

(2) いじめを食い止める

　学級が崩壊すると、いじめが多発する。とにかくいじめの発生を食い止めなければならない。そのためには、教師が闘うしかない。闘い方にも原則がある。

> 子どもを味方につける

ということである。
　いじめの事実をつかんだら、全体の前でその是非を問う。いじめた子やグループを個別に指導してはならない。そんなことをすれば、戦いに負けてしまう。必ず、全体の前で指導する。
　次のように指導する。例えば、給食の時間にＡ男が持ってきたお盆をＢ子が受け取らなかったとする。全体に向かって、事実を説明する。その後、全体にその是非を問う。
　「Ｂ子さんはよいことをしたと思う人？　悪いことをしたと思う人？」
そうすると、「悪いことをしたと思う。」という子どもがほとんど手を挙げるはずである。それをＢ子に見せてから、言う。
　「みんなは悪いことだと言っています。先生もそうだと思います。Ｂ子さんはどう思いますか？　悪いことだと思いますか？」
　Ｂ子が頷いたら、「では、Ａ男君に謝りなさい。」と謝らせる。その後、全体に向かって言う。「先生は、このようなことが大嫌いです。人をいじめるこ

とは、絶対にやってはいけないことです。だから、このようなことは二度としてはいけません。」

　中には、「思わない」という子どもがいるかも知れない。その時にも教師が引いては絶対にいけない。絶対に謝らせなければいけないのである。次のように言う。

　「分かりました。先生は悪いことだと思っている。お友達も悪いことだと思っている。それなのに、あなたは悪いことだと思っていない。では、お家の人たちにも聞いてみましょう。学級通信に今日のでき事を書きます。そして、あなたの考えも載せます。悪くないと思う理由を書いてきなさい。あなたのお家の人にもそのことを知っておいてもらわないといけません。だから、ちゃんとお家の人からそれを載せていいというお返事ももらってきなさい。」

　ここまで言えば、たいがいの子どもは、黙るはずである。黙ったら、「返事をしなさい。」と詰める。そこで、涙ぐんだら一応の潮時である。教師の方で「本当は悪いことをしたと思っているのですね。Ａ男君にちゃんと謝りなさい。」と言って謝らせる。

　いじめの指導について言えば、『いじめの構造を破壊せよ』（向山洋一著　明治図書）は必読の書である。いじめの具体的な場面を取り上げて、対応の仕方が詳しく書かれている。

（藤本　敬介）

8　しこりを残さない喧嘩への対応

(1)　大原則2

喧嘩の処理でしこりを残させない大原則がある。それは，以下の2つである。

> ○両者から事情を聞く。
> ○喧嘩両成敗

(2)　喧嘩の原因を作った方が悪い

子どもたちには，4月の早い段階で，喧嘩の対処の仕方について説明する。次の4つのことについて説明する。

> ○喧嘩は両方とも，ちょっとずつ悪い。
> ○両方とも謝らなければならない。
> ○喧嘩の原因を作った方が相手よりちょっと悪い。だから，最初に謝る。
> ○たたいたり，蹴ったりするのはよくない。だから，たたいた人は1回多く謝らなければならない。

(3) 被害を訴えに来た子が悪いことの方が多い

　初めて１年生を担任しているときのことだ。女の子が泣きながら，私の所にやってきた。何事かと聞いてみると，「A君が，たたいた。」という。私が「どうして，A君はたたいたの？」とたずねると，女の子は「何もしていないのに，A君がたたいてきた。」という。
　それを聞いて，私はA君を呼んで，「B子ちゃんをたたいただろう。どうしてそんなことをしたんだ。」と叱った。
　すると，A君は泣き始めた。A君が言うには，最初に意地悪をしたのは，B子ちゃんらしい。そこで，B子ちゃんを呼んで，A君が言ったことが本当なのか確認した。A君が言ったことが正しかった。
　同じようなことが何度かあった。被害を訴えてくる子に話をよーく聞いてみたら，実はその子が喧嘩の原因を作っていることの方が多かった。

> 喧嘩の被害を訴えてきた子が，先にいじわるをしている場合が多い。

　これは，本当にそうだった。１年生を担任していると，友達とのトラブルを頻繁に訴えに来る。その７割から８割は，訴えてきた子がトラブルの原因を作っているという感じである。
　これは，一体どういうことかというと，つまり「悪者になりたくない」「先生に叱られたくない」という心理が働くためのようである。
　友達と喧嘩したら，悪いのは最初にその原因を作った方だということは，すでに説明している。子どもたちも分かっている。だから，相手が先生に言いつけにいったら，自分が先生から叱られる。その前に，自分が被害者だと訴えに行けば，自分は叱られずに，相手が叱られる。
　これは，高学年も同じである。誰でも，自分にとって都合の悪いことは話そうとしない。だから，必ず両者から話を聞くようにする。

(4) 両者から事情聴取するまでは指導してはいけない

　喧嘩の被害を訴えに子どもが来た。いろいろと話を聞く。相手の子どもを呼んで，また話を聞く。聞き方にも原則がある。それは，

> 　「なんでそんなことしたの？」とは聞いてはいけない。「どうしたの？」と聞かなければならない。

ということである。

　「なんでそんなことしたの？」という言葉には，すでに，相手を「悪」と決めつけて，責めるニュアンスが入っているのである。だから，それを子どもは感じ取り，口を開こうとはしなくなる。黙り込んでしまう。特に，友達とのトラブルを頻繁に起こしているこどもはそうだ。「また先生から怒られる」と思っているから，なおさら，そうなる。

　ところが，「どうしたの？」と聞けば，すんなり話し始めるのである。「どうしたの？」は，ただの事情説明を求めているに過ぎない。相手を責めるニュアンスは全くない。だから，子どもが素直に話し始めるのである。

　聞き方が悪いと，子どもは黙ってしまう。黙っているから教師がイライラしてきて，黙っていることを叱ってしまう。なおさら，子どもは黙り込んでしまう。悪循環である。

　だが，喧嘩の事情を両者から聞くまでは指導してはいけない。事情を聞いた上で，原因を作った方に先に謝らせなければならない。

(5) 喧嘩両成敗

　喧嘩は両方ともちょっとずつ悪いといつも子どもたちに話しておく。その上で，喧嘩をしたら，両方に謝ってもらう。両方から事情聴取してから，謝

らせる。次のようにして行う。

「喧嘩は，両方がちょっとずつ悪いから起こるのです。両方謝ります。A君が最初に，いやなことをしたんだから，A君が最初に謝ります。」A君に謝らせる。

「次にB君が謝ります。」B君に謝らせる。

「B君は，たたいたので，もうちょっとだけ悪いです。もう一度謝ります。」B君に謝らせる。

以上で終了である。説教はしない。事情を両者から聞いて，両者に謝らせる。それ以上のことはよけいなことだ。

(6) 授業中には対処しない

子ども同士のトラブルについては，よっぽど重大なこと（命にかかわること，いじめにかかわること）以外は，授業中には指導しない。

そんなことをしてれば，授業時間がしょっちゅう削られていくことになる。トラブルの対処は，休み時間にするようにする。そのことも子どもたちに言っておく。そうすれば，休み時間がなくなるのでトラブルを起こさないように抑制がかかることにもなる。

（藤本　敬介）

9 子どもとの関わり方を間違えると学級が荒れる

(1) これを守らないと絶対に荒れる

　ゴールデンウィークが過ぎると，子どもたちも学級担任に慣れて，様々な要求をしてくるようになる。それらに対して，答えるときの原則がある。この原則をはずすと，学級が荒れる。必ず荒れる。学級を荒れさせないために絶対に守らなければならない大原則である。それは，

| 質問に対する答えは，全体に示す。 |

ということである。
　例えば，休み時間に，ある子どもが，「先生，席替えはしないんですか？」と聞いてくる。休み時間に質問を受けるというのは，よくあることである。しかし，その時に，その子だけに答えてはいけないのである。一人一人個別に答えていたら，必ず，答えに若干の違いが生じてくる。それが子どもたちの中で「先生は，僕に言ったことと友達に言ったことが違う。」という教師不信へとつながる。ひいては，それが教師への反抗心となって，子どもたちが荒れていくのである。
　子どもから，質問を受けたら，必ず，

| そのことについては，みんなの前で話します。 |

と答える。絶対に個別に答えを言ってはいけない。

(2) 必ず予防線を張る

安易に約束をしてはいけない。約束をするときにも原則がある。それは，

> 変更あるいは廃止を予告しておく。

ということである。つまり，予防線を張っておくのである。

実際やってみてうまくいかないときは，変更あるいは廃止するしかない。しかも，そういうことはよくあることなのだ。

しかし，予告をしておかないで，変更あるいは廃止を告げると，子ども達から反発がくる。「先生は，一度約束していたのに，それを破った」と，こうなるのである。これが何度かあったら，また「先生はどうせ約束を破る」と教師不信に陥る。

そうならないためには，予防線を張っておくのである。次のように子どもたちに告げる。

> 一応，こういう風にやってみます。しかし，何か不都合がある時には，変更または，やめることがあり得ます。質問はありませんか？

最後に質問を受け付ける。質問に答えるときも，全部「一応，このようにやってみる。不都合がある場合は，変更あるいは廃止する。」ということを必ずつける。

(3) 親しき仲にも礼儀あり

時々，次のような光景を見かけることがある。

職員室で子どもが教師と話をしている。その話し方がまるで，自分の友達

と話しているかのようなのである。そのことを教師も何も言わずに対応している。

　若い先生から時々，相談を受けることがある。それは，次のような相談である。

> どこまで礼儀正しくさせればいいのか分からない。言葉遣いにしても，敬語を使わせると，なんだかよそよそしい感じがして，親近感がなくなる。

　礼儀正しくさせると，子どもたちとの親近感が薄れるというのである。しかし，それは単なる思いこみである。しかも，間違った思いこみである。
　私は次のように答える。

> あなたに親しい先輩はいますか？　親しい先輩と話をするとき，友達と話すような言葉遣いで話しますか？（いいえ）敬語で話しますか？（はい）敬語で話すと，その先輩との親近感が薄れますか？（いいえ）親近感と礼儀は全く関係ありません。年上の人に礼儀正しく接することは，ごくごく当たり前の事です。それを子どもたちに教えるのも，私たち教師の大切な仕事です。それに，学習指導要領にも，ちゃんと指導するように書いてありますよ。

　「礼儀」は教えないといけないのである。「礼儀」を教えられて，それに素直に従うのは，小学生の時しかない。（中学校や高校の部活動で先輩から教え込まれる場合は別）
　「礼儀知らず」な大人になって苦労するのは，本人なのである。本人の将来のためにも，きちんと礼儀を教えなければならない。

(4) 決めたことは守らせる

　教師が一旦，口に出して決めたことは守らせなければならない。例外は認めない。例えば，給食の残し方について，全体に「給食は時間になったら，片づけます。もし，時間になったときに残りがあったときには，先生にお盆をきちんと見せてから片づけます。」というルールを全体に示したとする。最初のうちは，ちゃんとそのルールを守っているが，だんだんそのルールを破る子が出てくる。教師に見せないで片づける子が出てくるのである。そうすると，気の利いた子が教師に言いつけに来る。その時には，きちんと指導をしなければならない。ただし，ルールを破った子どもだけを叱ってはいけない。それをやると，言いつけに来た子どもが恨まれることになる。だから，全体にルールを再確認するのである。

　ルールが破られ始めたときに，きちんと修正しておかないと，そこから学級がほころび始める。教師が決めたことは，教師が変更あるいは廃止を宣言しない限り守らせなければならない。

（藤本　敬介）

10　子どもが喜ぶ席替えのやり方5

(1) 席替えはどんな方法でも子どもたちは喜ぶ

　席替え自体が子どもたちにとって楽しいイベントなのである。どんな方法でも子どもたちは喜ぶ。ただし，必ず男子と女子と隣同士に座らせる。男子と女子が組むようにあらゆる場面で設定する。

○お見合い方式
　男子を廊下に出す。女子だけ先に自分が座る場所を自分で決めさせる。次に，女子を廊下に出す。男子に自分が座る場所を自分で決めさせる。その後，男子と女子と一緒に教室に入れて，同時に席を移動させる。
○ネームプレート方式
　男子のネームプレートを教卓の上に，全部裏返しにしておく。教師がそれをかきまぜる。男子に名前順に裏返しになっているネームプレートをとらせる。とったネームプレートが「A君」のものだったら，A君が今座っている席が自分の席になる。女子も同様に行う。
○おみくじ方式
　割り箸の端に子どもの人数分，番号をつける。それを空き缶の中に入れる。全員を立たせて，教室のまわりに立たせる。教師が空き缶の中から割り箸を出す。「5」と書いてあったら，出席番号5番の子が男子だったら，男子の列の一番前に座る。女子だったら，女子の列の一番前に座る。これを繰り返していく。
○あみだくじ方式

時間がかかるが，盛り上がる。全員を廊下に出す。黒板に大きなあみだくじを書く。上に座席の番号を書く。書いた後，模造紙で隠す。子どもたちを教室に入れる。名前順に黒板の下に名前を書かせる。全員が書いたところで，模造紙をはずす。

〇自由方式

　この方法は卒業1ケ月前ぐらいのイベントとして行う。朝，学校に登校してきた人から自分の席を決めることができる。ただし，友達の席を取っておくことはできない。毎朝，自分の席を決める。

　実施する前に必ず，「やってみて何か不都合があれば，すぐにやめます。」という条件をつけておく必要がある。

(2) 席替えは子どもの当然の権利ではない

　子どもたちは，席替えを当然の権利だと思っている。なぜなら，1年生の時から，ずっと，どの先生も当たり前のように席替えをしているからだ。

　そうではない。席替えは子どもの当然の権利ではないのである。そのことを子どもたちにまず知らせなければならない。その上で，席替えに関する様々な条件を提示する。そうすれば，問題が生じたときに，スムーズに対応することができるようになる。

　上記のことは，伴一孝氏（TOSS長崎代表）から教えていただいたことである。

　4月，子どもたちから，必ず質問が出る。「席替えはいつするんですか？」という質問である。その時に，次のように答える。

> 今のところ，席替えをするつもりはありません。席替えをすると，そのたびに，学級が落ち着かなくなって，授業中のおしゃべりが増えて，お話を聞かない人がたくさん出てくるからです。また，自分の隣になった人が嫌だとか言う人も出てくるからです。だから，席替えをするつもりはありません。席替えをしなくても，先生は何も困りません。今のままで，ちゃんと勉強ができるからです。

この時に，子どもたちから「ちゃんと勉強します。」とか「隣の人を嫌だと言いません。」とか出てくるが，一切相手にしない。

何を言われても，

> 席替えはしません。

とだけ，答える。

(3) 席替えの条件を提示する

「席替えはしない」と言っていても，やがて，子どもたちから「席替えをしないんですか？」と再度質問が出る。聞かれたら，全体に向かって次のように話をする。

> 席替えは，先生はやらなくてもいいと思っています。でも，みんながどうしても席替えをしたいというのなら，やってもいいです。しかし，条件が3つあります。1つは，席替えの途中で，「エー」とか「嫌だー」とか言ったり，そんな顔をしたりしたらすぐにやめます。それでもいいという人，手を挙げなさい。(全員が手を挙げているのを確認してから) も

> う1つあります。視力の低い人が後ろに行って，黒板の字が見えにくい時には，その列の1番前の人と替わってもらいます。それでもいいという人，手を挙げなさい。(全員が手を挙げているのを確認してから) 最後にもう1つです。席替えをした後，授業中におしゃべりをしたりして，先生の話を聞けない人は，席を前に変更します。それでもいいという人，手を挙げなさい。(全員が手を挙げているのを確認してから) 分かりました。では，席替えをやりましょう。

必ず，3つの条件を最初に提示する。席替えが終わった後で，提示してもなんの効力も持たない。一人でも条件を承諾しない子がいたら，席替えをやめる。また，席替えをやっている途中で一人でも「エー」という子がいたら，その時，即座に席替えを中止する。教師が言ったことは絶対に守らなければならない。そうしないと，子どもたちから「先生は，ああ言ったけれども，どうせ口だけだ」と子どもたちから侮られることになる。このことで，保護者から質問が来るかも知れない。その時には，担任の考えを説明する。「席替えをするが，時期を待っている」ということと，子どもたちには，黙っておくことをお願いする。

(藤本　敬介)

11　子どものことを考えた教室の環境作り
シンプル且つ効率的な教室環境作りのコツ5

(1) 教師の教卓をまずクリーンにする

　右の写真を見てほしい。教師の教卓はこのようにクリーンな方がいい。子どもに「整理・整頓をしなさい」というのであれば，まず教師が範を示すことが重要だ。そうすれば，「先生はやってないじゃん」という攻勢をかわすことができるからである。

(2) 黒板にベタベタ物を貼らない

　左の写真は，黒板，それから黒板の上の壁だ。見ての通りここにも何も貼ってない。理由は簡単だ。ベタベタ物を貼ると授業に集中できない子が出てくるからだ。特に下位の子にとっては目移りするのが，教室前面の掲示物なのである。従って，見栄えを気にしてベタベタ貼るクラスほど，学力保

証は絶対できていないと断言していい。

(3) 児童用机のフックに，物はかけない

　机の横にあるフックがある。これに物をかけさせない。例えば，体操服，道具袋やシューズ入れ袋などである。こんな物を多数机のフックにかけさせるとどうなるか。

> 机を運ぶときに，重量が増して転倒する危険性が出てくる。

　実際に掃除をさせてみれば分かる。

　低学年担任なら大いに納得するはずだ。

　重量が増した分，持ち運びも不便になり，運び方をきちんと指導していないと，転倒して大けがすることになる。

　それを防ぐために，教室壁際にあるフックを最大限利用する。無ければ教師が釘をねじ込めばよい。

　事故の危険性を回避できるなら，教師がしてあげればよいのだ。

(4) 児童の作品は全員掲示するのが原則

　子どもの作品は，全員掲示することが原則である。間違っても次のことをやってはならない。

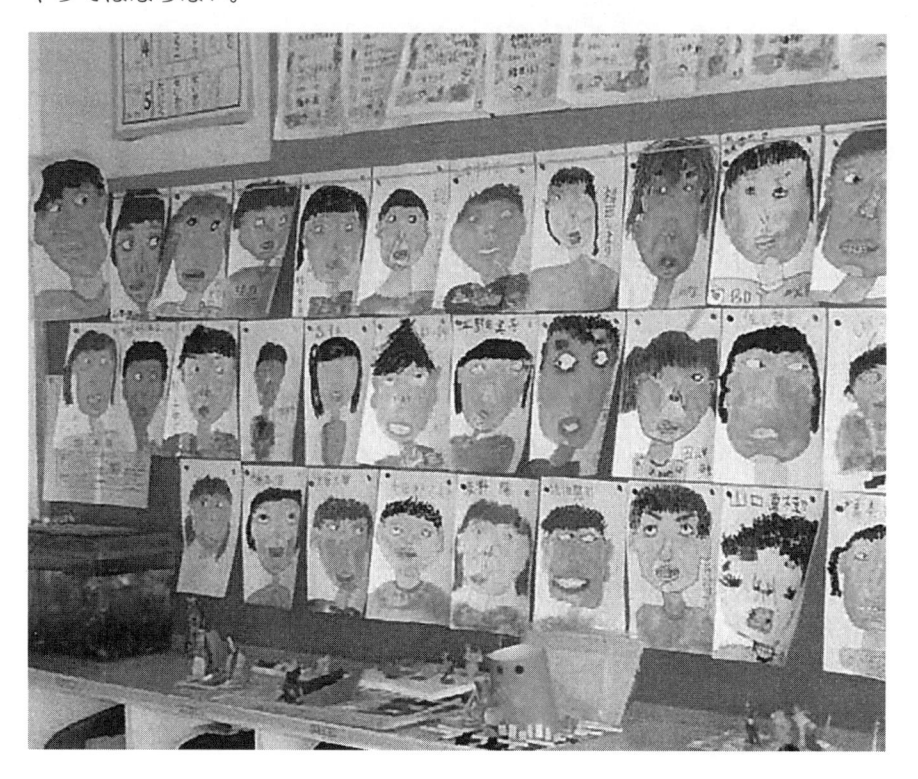

　　特定の，上手な子の作品だけを掲示する。

　なぜか。それは「いじめ」が発生するからだ。「あの子の作品だけ貼ってずるい」とか「あいつの作品はいつも貼っていない」などと子ども同士でレッテルの張り合いになるからだ。そうなると「あいつムカツク」となり，いじめが起きてしまう。

典型的な事例は、特定の子だけ掲示した作品が、破られたり剥がされたりする。そうならないためにも、全員掲示が原則となるのである。

(5) 児童の所持物は取りやすい場所に置く

左の写真は、児童の粘土板と粘土板、探検バッグである。整然と並んでいるのが分かるだろう。いつもこの状態である。片づけをさせても左記のようになる。これには訳がある。次のように指示しているのだ。

> 男子、粘土を取りに行きなさい。20秒後女子が行きなさい。

男女全員が取りに行けば大混乱となる。それを防ぐための指示だ。さらに、「次、女子行きなさい」と言わなくても「20秒後に女子」と言っているので、自動的に女子が行動する。片づけるときは、「女子、粘土を片づけます。20秒後、男子」と言えばよい。その時教師は、粘土を片づける子どもたちの側にいて「きちんと片づけているか」どうかチェックするとよい。もしお友達の分まで片づけをしている子がいれば次のように言う。

「〇〇さんがお友達の分まで片づけていました。偉いなあ。先生ちゃんと見てましたよ」こうすれば、次回から整然として片づけを行うことができる。

（吉武　徹也）

III

大学では教えてもらえなかった！
授業のいろは

1 子どもの成績が変わる！ 子どもに持たせる学習道具とその使い方

(1) 教科書

教科書は，なくてはならない学習道具だ。

これにも使い方がある。

初めに，きちんと折り目をつけさせることだ。

　①表紙を根本から折り曲げる。

　②以後10枚程度ずつ，折り目をつけていく。

　③半分まで行ったら，次は裏表紙から同じように折り目をつけていく。

　④真ん中のページを開いた時に，平たくなるようにする。

こうすることによって，机の上に置いても，ページが自然に元に戻る，という状態がなくなる。

また，教科書を押さえながら，教材文を読む必要もなくなる。

忘れていけないのが，氏名書きである。新学期，中・高学年ならば自分で記名させてから持ち帰らせる。

(2) ノート

ノートは，「TOSS（トス）ノート」がよい。

TOSSノートは，行ノートのような「マス目のノート」である。

薄く青い線で書いてあるので，目にうるさくなく，しかもきれいに書ける。

算数の学習では，とくに威力を発揮する。
算数が苦手な子は，揃えることが苦手である。
そのために，自分で書いていながら，何と書いているのかわからなくなる。
位を揃えないから，簡単な計算も間違える。
そういった子どもたちにぜひ使わせたいノートである。

```
注文先　東京教育技術研究所
　　　　TEL：03－3787－6564　FAX：03－5702－2384
```

(3) 鉛筆

鉛筆は，2Bか4Bを指定する。
HBは，芯が固すぎて紙に引っかかるのだ。
子どもには書きにくい。
また，色が薄いので，見えにくくもある。
プロの物書きは，4Bや6Bといった柔らかい鉛筆を使う。

　内館さんはデビュー以来，原稿用紙に鉛筆で執筆を続けているのだそうだ。
　鉛筆は，三菱ユニの6Bで，家で600本も削ってクッキーの箱に入れ，原稿を書いている。
　「6Bだと筆圧がいらなくて，全然疲れないんです。200字1枚書くとちょうど丸くなるので」，鉛筆を換えていく。
　そんな作業も楽しんでいるのだという。

　柔らかい芯は，実際に書いてみると確かに書き味がよい。
　6Bは減りが早いので，使わせるならば2Bか4Bである。

(4) 赤鉛筆

丸付けは，赤鉛筆がいい。

ボールペンやサインペンに比べて，書きやすくて，見やすい。

> 　細字の赤ペン・ボールペンは避け，色鉛筆などの太字の朱色を使用します。
> 　色覚異常の児童生徒は，暗い所では，細字の赤と黒の識別が難しいことがあるので，採点や添削に際しては，色鉛筆などの太字の朱色等を使用します。
> 　　　　　　　　　　『色覚に関する指導の資料』（文部科学省）

また，形状は六角形のものがよい。

丸いものは転がって，机から落ちやすい。できない子は，机から落ちるとそれだけで，集中がとぎれる。

(5) ミニ定規

ミニ定規とは，20cm程度の直定規のことである。

筆箱にいつも常備しておきたい学習用具の１つだ。

直線は，定規で必ず引かせる。フリーハンドで引かせるとノートはぐちゃぐちゃになる。

ノートは，理解度の表れである。私は子どもたちに次のように話す。

> 　スッキリしたノートを書く人は，頭の中もスッキリしている。ノートがグチャグチャしている人は，頭の中もグチャグチャしている。すっきりと美しいノートを書いているうちに賢くなるのだ。

勉強の苦手な子ほど，定規で線を引くことができない。ずれてしまうのだ。「手は第2の脳」と言う。定規で線を引くことは，脳を鍛える学習なのだ。

(6) はさみ・のり

　はさみとのりも揃えておきたい。
　例えば，漢字テストをする。採点後，答案を子どもたちに返す。
　答案は，ランドセルの中に押し込まれるか，机の中にくしゃくしゃになって忘れ去られる運命にある。
　きちんとノートに貼らせることで，学習の足跡を残すことができるのだ。
　漢字テストだけではない。理科や社会などでも学習に使用したプリントもノートに貼らせる。
　プリントは，ノートのサイズに合わないことがほとんどだ。はさみで切らせてから，のり付けさせる。はさみで切ったり，きれいにのり付けすることも大切な学習である。

　　　　　　　　　　　　　　　　　　　　　　　　　　（森永　祐司）

2　導入3分で子どもの心を釘付けにするプロの導入法

　NHKに「プロジェクトX」という人気番組がある。この番組で最も力を入れているところは「導入の3分」である。「導入の3分」で如何にして観る者を惹きつけるかを何度も検討，修正，さらにはモニタリングして最終決定を下すのである。
　このような工夫を行うのは何もテレビ番組作成だけではない。映画，芝居などでも全て「導入3分間」の工夫を行っている。もちろん，授業も同じである。導入で子どもたちを惹きつけることができれば，集中力は，授業の終わりまで続くのである。
　本稿では，各教科で必ず子どもを惹きつけ，ノリノリにすることができる導入3分間のプロ教師の指導アイテム，指導技術を紹介する。

(1) 算数科……百玉ソロバン

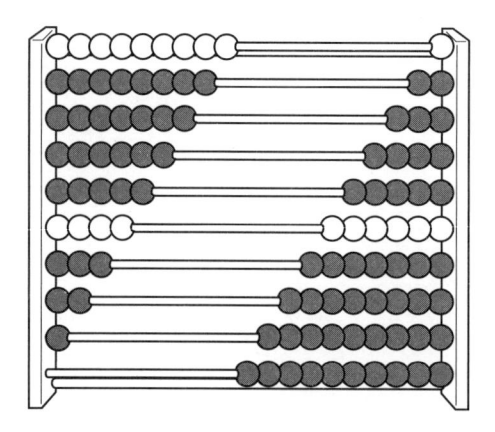

　「百玉ソロバン」という教具がある。この教具は，明治時代に日本で開発された優れた算数教材である。以前は，教科書にも掲載され，子どもの基礎学力定着に大いに役立っていた。しかし，問題解決学習が日本中に広まり，「子どもに考えさせれば学力はつく」といった間違った考え方が蔓延していく中で，「百玉ソロバン」も使われなくなってしまった。

現在，子どもたちにきちんとした力をつけなければならないという考えから，この「百玉ソロバン」が脚光を浴びている。

授業開始と同時に，「百玉ソロバン」を教卓の上に置く。

> 1とび。

と教師は号令をかけ，百玉ソロバンを一つずつはじいていく。子どもたちは，「カチッ」「カチッ」と音がする合図に合わせて「1」「2」と声をそろえて数を唱えていく。

実際に「目」と「耳」から具体的な情報が入るので数の読み方の定着ができるのである。また，どんな子でもできる作業であるため，子どもたちはすぐに集中する。チャイムが鳴って席に着いていない子どもがいても黙って「百玉ソロバン」を始めるだけで，子どもたちは席に着くようになるのである。

「1とび」の他に，「2とび」「3とび」など，様々なバリエーションが豊富にある。提示方法を変えながら取り組むだけで1年間通して導入に使うことができる。（「百玉ソロバン」の導法については，インターネットランドにたくさんのサイトが掲載されている。是非，ご覧ください。http://www.tos-land.net/）

(2) 国語科……五色百人一首，あかねこ漢字スキル，うつしまるくん

「百玉ソロバン」の使い方をみてわかるように，授業導入時には，子どもたちを勢いで巻き込まなければならない。

　　　　「○○ちゃん，席に着きなさい」

とか，

　　　　「△△くんが，そろうまで，授業を始めません！」

というやり方では，子どもがのってくるはずがない。誰もができる，簡単な指示や発問をすぐに提示してやることが大切である。

国語科で導入時に役立つ優れた教材の代表例は，「五色百人一首」「あかねこ漢字スキル」である。

「五色百人一首」はご存じの通り，昔遊びの百人一首である。しかし，毎回100枚ずつは実施できない。そこで，5色に色分けし，1試合が20枚で完了する。そのため，なれてくれば3分で1試合が完了してしまうのである。2人1組で対戦を組めば，どの子も楽しく挑戦する。

「あかねこ漢字スキル」は，全国でいちばんのシェアを誇る漢字指導の教材である。子どもたちが漢字スキルの使い方に慣れてきたら導入でも使うことができる。教師は，

　今日は，4つの漢字「呼ぶ」「唱える」「山脈」「卒業」を練習します。指書き。始め。

これだけの指示で，子どもたちはサッと集中して漢字練習に取り組むようになる。(五色百人一首，あかねこ漢字スキルのお問い合わせは東京教育技術研究所まで。 TEL03-3787-6564 FAX03-5702-2384)

(3) 総合的な学習の時間……英語フラッシュカード，五色英語カルタ

総合的な学習の時間は何をやってもよい時間ではない。学校内で子どもたちにどのような力をつけていくかを吟味し，実践していく時間である。現在，日本全国で，英会話教育の必要性が問われ，実践されている。英会話教育に必須の教材が「英語フラッシュカード」「五色英語カルタ」である。

授業のチャイムが鳴ったら，すぐに子どもたちにフラッシュカード提示する。「キャット」「ドッグ」と席に着いていた子どもたちがカードを読み出す。席に着いていない子は，あわてて席に戻り，カードを読むようになるのである。

「五色英語カルタ」も，授業開始後，すぐに指示を出す。

> 英語カルタをします。準備をしましょう。

班での対戦など，最初に決まりを決めておけば，すぐに準備可能である。教師が絵を英語で読み上げ，子どもがカルタのようにとっていくだけの簡単なゲームであるから，誰もが取り組むことができる。

優れた教材を正しく使用すれば，こどもたちは授業導入から釘付けとなるのである。(英語フラッシュカード，五色英語カルタのお問い合わせは，東京教育技術研究所まで TEL03-3787-6564 FAX03-5702-2384)

(小田　哲也)

3　基本中の基本「教科書」はこのように使う
事前指導の「手入れ」で決まる，音読指導うんちくベスト3

(1) 社会科の授業の時，まず真っ先に何をやるか

　①教科書を見せずに，子どもの「つぶやき」を先に出させる。
　②本やインターネットを使って調べ学習を行う。
　③教科書を読ませる。

　さて，「子ども主体」という亡霊に縛られた素人先生ならば①と②を選択するだろう。しかしTOSSの教師は違う。③を選んだはずだ。
　「教科書を読ませる」ことが如何に重要か認識しているからだ。①ばかり出させて，教科書をしっかり読ませない教師はもはやエセ教師といってよい。だから，エセ教師は次のように言う。

●授業の進度が遅れてるのよねえ。
●テストさせれば，みんな（点数）悪いのよね。
●社会科は，新聞作りだけさせればいいのよ。

　開いた口が塞がらない。上のように指導する先生方は，下に示す発想が全く無いことに気付く。

教科書本文を<u>音読する</u>。

　本文を音読させないから「テストの平均点」が悪くなる。授業進度も遅れ

るといった事態に遭遇するのだ。社会科の教科書には難しい言葉や専門用語が数多く登場する。それを読めない（音読できない）状態で調べ学習に突入させるとどうなるか。

> 「先生，この言葉の意味がわかりません。教えてください。」

上のように質問攻めにあい，教師は右往左往せざるを得ない。

それよりも教科書を事前に読ませておけば，「これは教科書にこのように載っていたね」とか「教科書を見直してごらん」と切り返せる。また事前にどのような学習をするのか音読することによって分かるので，最低限の情報の蓄積が成されることになる。

(2) 教科書音読におけるうんちくベスト3

さて，音読させる時に，気をつけることと言ったら何か。実は，「最低これだけの指導は必要」というのが3つあるのだ。これを実践されている方がいたら，相当な腕の持ち主である。

> ①机の上に余計な物は置かせない。

TOSS長崎で「授業VTRクリニック」という企画があった。教室で撮った授業の様子をサークルに持ち込み，伴氏にクリニックして頂くというものだ。サークル員は緊張しながらVTRを回す。開口一番，TOSS長崎代表の伴一孝氏のコメント。

> なんで教科書以外の「物」が机の上に置いてあるのか？　水筒やノートが散乱して置いてある！　これでは集中して「音読」なんてできない

> でしょ！ プロなら，決して見逃さない，許せない行為ですよ。

　サークル員一同ビックリ仰天。机の上は常に「整頓」した状態で「音読」させなければいけなかったのだ。
　２つ目はコレ。

> ②筆箱のチャックは閉めさせておく。

　そうでないと，落とし物をする子はしょっちゅう机の上からボロボロ落とす。勉強できない子ほど落とす。だから，赤鉛筆を使わせるときは，「赤鉛筆」だけ出させて他はしまわせるのだ。これを徹底させることが重要だったのだ。プロなら，こういう細かい所にまで配慮しないといけないと伴氏は言われた。このようなことがしっかりできて初めて，「音読」に入れるのだ。
　次に大事なのはコレ。

> ③教科書を立てて，音読させる。

　教科書を立てて読ませるからこそ，姿勢もよくなり，いい声も出る。「凛」とした雰囲気の中で，授業を進めることができるのだ。
　この３つを差し置いて「教科書の指導」なんてできっこない。逆に言えば，これだけの指導で「テスト平均点５点アップ」は間違いない。お薦めの方法と言えよう。

(3) 教科書を効率よく使うための事前指導ベスト２

　もうひとつある。それは教科書を効率よく使うための事前指導だ。例えば，教科書と仲良く付き合えば必ず賢くなれることを趣意説明する。そのために

２つの活動をさせる。

> ①教科書に折り目をつける。

　寸暇を惜しんで勉強できる一番の方法だと述べ，その場でやらせる。教科書の表，真ん中，後ろのページをそれぞれ手の平で押さえる。すると折り目ができる。こうすれば，「教科書を開きなさい」と指示されてもすぐに自分の開きたいページを開くことができる。

> ②表紙の表と裏に名前を書く。

　見えるところに書かせるのがポイント。名前も丁寧にその場で書かせる。落とした時にすぐ分かるからである。こうすると長期間，効率よく教科書を使うことができる。

（吉武　徹也）

4 〈国語〉子どもが「またやって！」と言ってくる授業例

　向山洋一氏（TOSS代表）の追試を行うと，子どもが「またやろう！」と必ず言ってくる。国語の授業でもたくさんある。新学期始めに行うと，「この先生の授業はおもしろい。」と保護者までも絶賛するものができる。それは単におもしろいだけではない，知的な活動があるからである。

(1) 大人も熱狂する（口に二画を付け加える）

| 右の図（四角）に二画を付け加えて漢字を作りなさい。15以上作りなさい。 | □ |

　これだけであるが，子どもたちは熱狂する。始めは何のことかよく分からない子もいるが，時間が経つに連れて，これもあった，これもあった，となる。（『学級集団形成の法則と実践－学級通信アチャラ』向山洋一著　明治図書 P104）しかし，この授業方法を間違えると，あまり盛り上がらない。次のように行っていく。

発問・指示・活動	留　意　点
○黒板に口を書く。 ○次の図に二画を付け加えて漢字をたくさん作りなさい。15以上作ってご覧なさい。 ○3つかけた人は小学校1年生レ	○番号を1から30まで板書するので，その番号がかけるように口を書く。 ○15以上という数字を入れることにより，やる気が出る。

発問・指示・活動	留意点
ベル，10個で5年生レベルです。15個で中学生レベル。20個で高校生レベルです。 ○かけた数を尋ねます。1つ？2つ？……15？　それ以上？ ○これに3つ書き足せる人？（だんだんいなくなったところで，2つ，1つと減らしていく） ※「辞書を出してもいいですか。」と尋ねる子どもがいる。「すばらしい」と言って誉める。	○なかなか気づかない子どもに追い打ちをかけるように数値で評定を明確にする。 ○ここで，一番書けている人を確認し，全部板書させる。 ○これが重要である。1つなら書き足せる人はたくさんいる。しかし，3となると難しい。当然，考えないとできない。ここがメインである。 ○このように辞書を見る子が育ってくる。

(2) 教室大爆笑（形容詞の授業）

『授業の腕をみがく』向山洋一著（明治図書 P163）にある「○○しい」という言葉探しの授業である。以下のように授業をしてみる。

発問・指示・活動	留意点
○「○○しい」という言葉，最後に「い」がつく言葉をノートにたくさん書きなさい。例えば，「美しい」「いとしい」「嬉しい」などです。 ○5分ほど書かせる。 ○各グループから一人ずつ板書し	○ノートには①②というように箇条書きに書くように指示する。 ○「10個かけたら5年生」などと数値を伝えると，有効である。 ○教師は黒板をグループの数だけ，

ていきます。（子どもたちが黒板の前でごちゃごちゃにならないようにである。） ○もし，友達と違ったものがあったら，書き足してください。 ○ここにみんなの名前カードがあります。シャッフルします。 ○名前カードを順番に貼っていきます。 ○最後にこのように「い」がつく言葉のことを形容詞と言います。	縦に線を引いておく。 ○教室にある名前カードをランダムにする。 ○「美しい□□」「嫌らしい□□」などとできる。 ○教室はピッタシの子どもの時には大爆笑である。

```
美しい ○○○
嫌らしい ○○○
うれしい ○○○
大きい ○○○
楽しい ○○
おとなしい ○
……
```

　この授業は一見遊びのようだが，実に分かりやすい形容詞の授業である。授業の最後に「『い』がつく言葉，そして，言葉を飾るものを形容詞と言います」と言うことによって，難しい説明が載っている教科書の補足説明となる。

(3) 四字熟語で笑い転げる

　前もって，四字熟語について調べさせておく。宿題でもよい。例えば，「あなたの好きな四字熟語は何ですか。」というように。四字熟語とはどんなものかが分かればいい。それが分かった時点で，この授業を仕組む。

発問・指示・活動	留　意　点
○ノートに四字熟語を書きます。自分で考えたものです。例えば,「天才少年」とか「突然努力」などです。 ○書いたものを持ってらっしゃい。 ○今度は,自分の名前を一番出だしにして,その四字熟語をつなげていきます。 ○できたものを発表します。(全員発表させる。楽しい四字熟語の文ができあがっている。)	○自分で四字熟語を作らせる。できるだけたくさん書かせる。そのためにも何人か板書させると分かりやすくなる。 ○四字熟語をつなげることを説明する。例を示しながら行う。 　┌─────────────┐ 　│梅崎遼君　　人面獣心│ 　│人間国宝　　世界統一│ 　│一攫千金　　油断大敵│ 　└─────────────┘

　この発表の時が楽しい。子どもたちは笑い転げる。できればこの作品を,文集として残したい。楽しい授業となること間違いなしである。

（末光　秀昭）

5 〈国語〉平均95点を超える漢字の指導法

(1) 漢字の指導は授業の中で行う

　「当たり前」だと思うかもしれないが，知らない方も多い。漢字の指導は授業の時間に行うのである。宿題に出して，練習量を増やせば，覚えるだろうという甘い考えを抱くと失敗する。効果が全くない訳ではないが，毎日宿題に漢字1ページだらだらと書かせても，ほとんど効果がないと思って良い。

　私が新任の頃の漢字指導と言ったら，デタラメそのものであった。新しい単元に入ると，その単元で学習する漢字を全て1時間で終わらせた。例えば，4年生で「一つの花」の学習に入るとする。一番初めの45分間で，新出漢字約20個をドリルで学習させた。その後，毎日1ページの宿題を出す。それで覚えるものだと勘違いしていた。テストの結果は惨憺たるものだった。「×，×，×，×，…。」テストの丸を付けるのが嫌になった。そして，「どうして覚えないのか」「やる気がないのか」と子どもの責任にしていた。平均点はいつも50点前後であった。

(2) 漢字指導の2つのポイント

　漢字の指導法を変えた。本を読み，先輩に聞いた。平均点を上げるにはいくつかのポイントがある。

Ⅲ 大学では教えてもらえなかった！ 授業のいろは 95

> 漢字の指導は毎日行う。

　授業の導入が良い。国語の時間は，まず漢字の指導から始まる。5〜10分くらいが良い。毎日，毎日，行うのである。

> 1日に2〜3個の漢字を学習する。

　1日に5個も6個も覚えられるものではない。いっぺんに漢字をおぼえさせようとしてはいけない。1日2〜3個がちょうど良い。毎日漢字指導に取り組めば，無理なく覚えられる。その際，宿題にして覚えさせようと考えてはいけない。その日の，その時間で覚えさせる。

(3) 『あかねこ漢字スキル』を使った指導法

　漢字を学習するにあたって，お薦めの教材がある。『あかねこ漢字スキル』（光村教育図書）である。『あかねこ漢字スキル』を使って，平均点が95点を超えたという報告がぞくぞくなされている。この教材を使った，漢字の指導法を紹介する。

> 　漢字スキル，①を開けなさい。今日は，「勢」「絶」「限」の3つをやります。

　「開けなさい」と指示を出したら，必ず確認をする。「開けたら，『開けました』と言いましょう。」たったこれだけの確認で良い。

> 指書き

まずは,「指書き」から始める。「指書き」とは,人差し指を使って,机の上に漢字を書くことである。初めて,漢字の指導をする時は,分かりやすい説明がいる。

> 最初は鉛筆を持ってはいけません。鉛筆を置きなさい。そこに「勢い」という漢字の書き順が書いてあります。指で押さえてごらん。どこに書いていますか。指で押さえてますね。そこに「1, 2, 3, 4, 5, 6, 7, 8…」というふうに書いてあります。その通りに,指で書いてごらんなさい。はじめ。

ここで,大事なポイントは子どもたちに声を出させることである。子どもたちは,指で漢字を書きながら,書き順通り声を出す。「イチ,ニ,サン,シ…」というふうに声に出させる。そして,「覚えたら,目をつぶって書いてみましょう」と言って,机の上に書かせる。

> 空書き

指書きができるようになったら,書き順の確認を行う。これも指を使って,空中に漢字を書くのである。先生に向かって書く場合と席の隣同士と確認する場合がある。

> 書き順を確認します。右手（利き腕）を挙げなさい。先生に向かって,書きます。勢いの「勢」です。さん,はい。

ここでも,書き順の声を出させる。間違った子は,指書きをさせる。

> なぞり書き

ここで初めて鉛筆を持たせる。スキルには，1番上が薄く書かれている。これをなぞらせる。ここでも，「イチ，ニーイ」と言わせる。

写し書き

練習のマスの最後は何も書かれていない。「写し書き」と言って，上の漢字を見て，全く同じ形で書く。「マスに触ったら，いけません。」と最初に付け加えておく。雑に書く子がいないようにする。

書き順は必ず言わせるようにする。子どもたちには，下のようなことを言って，趣意説明を行うと良い。

　漢字というのは，手だけで覚えるのではなくて，目も口も使う。口で「イチ，ニーイ」って言っているのを耳で聞く。口と耳も使うと漢字の覚え方が2倍良くなる。お勉強ができるようになる。だから，「イチ，ニーイ」と声を出して，勉強するんです。

（川谷　貴浩）

6 〈国語〉誰もがスラスラ読めるようになる音読のさせ方

(1) 音読練習バリエーション

①追い読み

　短歌や俳句は別にして，物語文や説明文は，まず，教師が範読する方がよいだろう。

　しかし，教師が読んでも聞かせても，おそらく6割の子は，聞いていない。これでは，子どもに空白の時間をつくってしまい，教室が荒れるもととなる。

　そこで，最初は，「追い読み」を行う。「追い読み」とは，教師の読みの後に続けて，子どもたちが読むことである。

　　T：ごんぎつね（ごんぎつね）

　　T：新美南吉（新美南吉）

　　T：これは，わたしが小さいときに，村の茂平というおじいさんから聞いたお話です。（これは，私が小さいときに，村の茂平というおじいさんから聞いたお話です）

②一斉読み

　「追い読み」を最後まで続けていると，子どもたちはだんだんだれてくる。所々でアクセントをつける必要がある。

　そこで，1ページ毎や段落毎といった節目で切り，次のように指示をする。

　今読んだところを，一緒に読みます。「ごんぎつね」から。
　さん，はい。

勉強の苦手な子は，「追い読み」のとき，先生の発する言葉をただオウム返しに言っていることがある。
　そこで，「一斉読み」をすることで，目を文字に向けるようにするのである。みんなで一緒に読むので，読めなくて恥ずかしい思いをすることもない。
③一文交替読み（教師対児童）
　「追い読み」「一斉読み」を繰り返しながら，その日の学習範囲まで読ませたとする。
　次に，バリエーションをつけて再度読ませてみる。次のように行う。
　　T：ごんぎつね
　　C：新美南吉
　　T：これは，わたしが小さいときに村の茂平というおじいさんから聞いたお話です。
　　C：昔は，わたしたちの村の近くの，中山という所に，小さなおしろがあって，中山様というおとの様がおられたそうです。
　この読み方は，集中して聞いていないと，どこを読んでいるのかわからなくなる恐れがある。お勉強の苦手な子のそばに行って，時々指で教科書を指してやるとよい。
④一文交替読み（児童対児童）
　正確に読めているのかまだまだ怪しい状態だ。一人一人チェックしたいが，時間的に難しい。
　そこで，お隣同士で，一文交替読みをさせるのである。

　今読んだところを，お隣同士で一文ずつ交替に読みます。
　終わったら，先攻と後攻を交替して読んでいなさい。

　こうすると，いい加減に読むことができなくなる。おかしい読み方をすれば，相手が指摘してくるからだ。

一文交替読みには，このほかにも様々なバリエーションがある。
○グループ読み（グループの中で，一文交替読み）
○列読み（偶数列と奇数列で，一文交替読み。読むときは，立つようにさせる。ぼんやりしていられなくなる）

⑤ リレー読み

「リレー読み」とは，全員で，一文ずつリレーしながら読んでいく読み方である。低学年に教える時は，「○（丸）読み」という言い方もある。文の終わりの「句点」まで読むからだ。

リレー読みでは，教師が読み誤りを正したり，誉めたりする。だらだらと言わず，なるべく端的に言うようにする。

> 一文ずつリレーのように読んでいきます。次の人は，立って待っていなさい。読み終えたら静かに座ります。題名と作者名は，先生が読みます。太郎君から始めて，後ろに進んでいきます。

⑥ 一人読み

正確に読めるようになったら，すらすら読めるようにしなければならない。そのためには，何度も繰り返し練習させることだ。

私は，授業の最初によくこれをさせる。

> 教科書4ページ（子どもたちは教科書を開く）。7段落まで立って読みます（板書）。読んだら座って再度練習しておきなさい。用意，始め。

こうすることで，準備が遅い子は急がなければならなくなる。周りの友達がみんな立って読んでいるのに，自分一人座ってぼやぼやしているわけにはいかないからだ。

このとき，教師は，読むことが苦手な子のそばに行き，手助けしてやるようにする。

(2) 音読の効果を語る

> 　脳の研究をしている大学の先生が，どんなときに脳は活発に働いているのか，といった研究をしました。
> 　計算をしているとき，算数の文章問題を解いているとき，音楽を聴いているとき，テレビゲームをしているときなどいろいろな場面での脳の様子を調べたそうです。
> 　そして，一番よく働いていたのは，音読をしているときだって，突き止めたのです。
> 　音読は，それほど難しいことではないでしょう。それなのに，一番活発に働いていたので，大学の先生もとっても驚いたそうです。だから，声を出して読むようにすると，どんどん頭は良くなっていくのです。これから，しっかり声を出して，読むようにしましょうね。

（森永　祐司）

7 〈算数〉平均点90点以上!! できない子をできるようにする授業 〜毎時間の授業の「型」を作る〜

できない子をできるようにするには，毎時間の授業の「型」を作らなければならない。

初任者研修の指導教員をしていた時は，次のような「型」を，第1回目の研究授業で指導した。

問題解決学習と違い，毎時間の授業に役立ち，できない子にやさしい指導方法だからである。

(1) 教師はお手本を板書する

この時間の重要ポイントの1つである。例えば次のように板書する。視写させ，声に出して言わせるようにする。

```
23 ÷ 4 = 5   あまり 3
       ↑
   4 × 5  = 20  ↑
              ↓
          23 − 20 = 3
```

この部分をきちんとノートに書いているかどうかをチェックする。ノートを持って来させる。全員のノートチェックは少なくとも1時間の中に1回は入れる。これをやっていない教師は多い。言い方は，

> 23わる4は，4のだんを考えて，しごにじゅう。

> 23ひく20は3。答えは，5あまり3。
> 3はわる数の4より小さいです。

とする。あまりの3が，どの数より小さいかを確認すればよいのかがわからなくなる子がいるので「わる数の」というのを付けた。

　あまり長くならないように注意する。子どもが言えなくなってしまう。いちばんできない子を思い浮かべて授業を組み立てるのである。

　このように，書き方の手本を教え，言い方も教えたならば，練習問題に入るのが普通であるが，時には，教科書がそうはなっていないこともある。

　問題文を一緒に読んだ後，子どもに解かせる。

　計算の部分は，言い方も含めて，さっきやったことの復習となる。

```
    42÷5 = 8   あまり2
          ↑
    5×8   = 40   ↑
          ↓
         42－40 = 2
```

数字が違うだけで，他はまったく同じである。これくらいのステップで変化を付けると，ジャンプは少なくなる。

　言い方は，次の通り。

> 42わる5は，5のだんを考えて，ごはしじゅう。
> 42ひく40は2。答えは8あまり2。
> 2はわる数の5よりちいさいです。

　一緒に言わせる。

子どもは答えの書き方で間違うことがある。単位の間違いである。問題文の「何こになって」の「こ」と，「何こあまるでしょうか。」の「こ」にアンダーラインを引かせる。その上で，答えの書き方として，「答え８こ，あまり２こ」と板書して教える。答えの単位は忘れがちである。ここまでで，「お手本」の指導が終わる。分からなくなったら，ノートを見れば思い出せる状態にしておく。

(2) 練習問題をする

　６問程度の練習問題をさせる時が，遅い子への個別指導のチャンスである。赤鉛筆で書いて見せ，なぞらせるのである。これを繰り返す。

　次のような時は，計算の問題ではなく，文章題である。したがって，同じ問題の解答を黒板に書くことになる。

　黒板は，通常，たて８つに区切る。黒板消しは使わないという約束を決めておくと良い。

> 　３５まいのカードを，１人に６まいずつあげると，何人にあげられて，何まいあまるでしょうか。

という問題を，各自が自分の力でやる。

　速い子（８人）には板書させ，言い方の練習をさせておく。その間に，遅い子や，分からないでいる子のノートに赤鉛筆で手本を書いて回る。できない子をできるようにするには，授業の中での小刻みな指導が必要だ。その時間を確保するためのものである。

　黒板に書いて，自分の名前も書いた子から発表させていく。これを，全員が黒板に書くまで待っていては時間が足りなくなる。個別指導はなるべく，１人にかける時間は短時間（１分以内）にして，回数を多くするようにする。

この場合，よく分からない子は，前に出て書いてある答えを写しても良い。そのために前に書かせているのである。写すのも勉強だ。そのうちにできるようになってくる。

(3) あかね子計算スキルでしめくくる

　授業の終わり5分で「あかねこ計算スキル」をする。宿題にするのではない。授業でやるのだ。
　できない子ができるようになるように作られたスキルである。様々な工夫が織り込まれた優れものである。
　あなたならこういう時どうしますか。

> 　保護者から，「算数の計算練習の宿題を出してください。たくさん練習しないと，すぐに忘れてしまうのです。」とお願いされました。

　答えは，全国各地の最寄りのTOSSサークルでどうぞ。

（善能寺　正美）

8 〈算数〉宿題は出さなくても力がつく計算の指導法

(1) 全員に基本型と読み方を把握させる

85÷26の計算のしかたの基本型と読み方を指導する。

```
〈ノート〉              ほ
         3            26
    26)85          ×  3
       78            78
        7
```

〈読み方〉

「85÷26は3あまり7です。
補助計算は26×3は78です。」

(2) 練習量を保証しないで，できるようになるわけがない

　12題の練習問題がある。
「12題の全部をノートに解いたら持って来なさい。」
と指示すると，できる子とできない子の時間差が大きすぎる。
　4問ずつ区切った方がよい。しかし，4問の全部を計算させて後に答え合わせをすると，できない子は1問も解けないで終わってしまう。

ノートに計算が書かれておらず，練習量が保証されていないことになる。そのようなことで，計算ができるようになるわけがない。

次に，1問ずつノートを持ってこさせて丸をつける方法である。ここで，間違った子のノートに×をつけて，個別指導をしようものなら，長蛇の列ができて大変なことになる。

子どもたちはじっとしていない。ちょっと押したりしてすぐ騒ぎ出す。

「こら～，ちゃんと並びなさい！」
と大声を出して注意する羽目になる。

この練習問題を解かせる度に，怒り声を発していた。

これは何とかしなければと方法を探した。

最初の3人に丸をつけたら，その子たちが他の子をつけるやり方や答えをたくさんコピーしておいて自分で丸つけ方法，早く終わった子は，ミニ先生と称して，分からない人を教えさせたり，読書をさせたりしていた。

しかし，どの方法も空白の時間ができてしまい納得できなかった。

(2) 2問目だけを丸つける

「向山洋一教え方教室」講座で衝撃を受けた。

4題の練習問題があったら，2題と2題に分けて丸つけするように言われた。

> 2問目だけ丸つけるのです。2問ともじゃないですよ。2問目だけです。間違っていたら，黙ってバツをつけるのです。ここで説明をしてはいけません。列がどんどん伸びるだけです。黙ってバツをつけて，自力

で解くという達成感を味わう機会を教師が奪ってはいけません。「小さな親切，大きなお世話」です。正解した8人に板書してもらいます。「丁寧に書かないと書き直しです。」と言っておきます。

(4) 赤鉛筆で薄く書いてなぞらせる

「2問やったら持ってきなさい」と指示し，全員が練習問題に取り組んだ瞬間に，さっと，できない子の後ろに回り，筆算を赤鉛筆で薄くなぞる。その子は，その上を丁寧になぞり，先生に見せに来る。

「よし，後は自分でできるようになったぞ！」と誉める。

毎時間，赤鉛筆で薄く書き続けると，本当にできるようになる。

全員にかけ算九九カードを持たせることも大切だ。できない子だけに持たせると差別を生む原因となるかもしれない。

「先生だって間違えるときがある。九九表を見て確認しながらやるんですよ。」と趣意説明して，全員に九九表を渡す。

かけ算を覚えていない子は堂々と九九表を見ることができる。

(5) 答え合わせ算九九表を持たせる

黒板に書いている子が次々と自分の席で読み上げていく。

「58÷14は4あまり2です。補助計算は14×4です。」

他の子は自分のノートに丸つけをしていく。

4問とも終わった子には，次の指示をする。

全部，合ってた人？　よし，すばらしい。花丸を書いて，茎や葉っぱ，ちょうちょも飛ばしておきなさい。

> 間違った人は直しておきます。
> 書いてないところは写します。写すのも勉強です。
> 一番いけないのは何も書かないことです。

　この指示で全員が何らかの作業をしている状態になる。
　ここで，注意しなければならないことは，できない子が全部を写し終えるまで待たないことである。
「途中の人もやめてください。次の４問にいきます。始め」
と指示したら，すぐ，できないところに行って，赤鉛筆でなぞる。
　今度は４問ができたら，黒板に書かせる。途中で持ってこさせない。４問とも書いたら，黒板に２題ずつ，書かせるのである。間隔も一番早く書けた子から，黒板を消して，縦線を書かせる。
　すると，教師はできない子の個別指導に回れるのである。
　また，注意しないといけないのは，できないＡ君のところだけベターと張り付いて個別指導しないことである。
　「みんなの前でこの子はできない子ですよ」と宣言しているようなものだからである。できない子はできるようになりたいのである。黒板に出て書きたいのである。３人位をぐるぐる回って，赤鉛筆指導をした方がよい。

（和嶋　一男）

9 教材研究があっという間にできる！インターネットランド活用法

(1) とにかく時間がない！

　教職に就いて，働きはじめると，とにかく時間が足りない。朝から勤務時間終了まで働く。経験を積んでいくと，授業の要領が分かったり，また学校の事務等の仕事を効率的にこなしたりすることができる。

　しかし，初任者の場合は，そうはいかない。仕事を行う効率も悪い。学校から帰る時間が，夕方6時，7時となる。それから車を運転して帰り，夕食を食べ，お風呂に入り，ふーっと一息ついて時計を見たら，9時，10時になる。それから明日の授業の準備ができるだろうか。その日，一日の疲れもある。学校から持ち帰った仕事もある。

　とにかく一日一日があっという間に過ぎる。

(2) 少ない時間で教材研究をする

　少ない時間で授業の準備ができる方法を知っておいたら，非常に役立つ。左の画面を見たことがあるだろうか。これは，インターネットランド（TOSS商標）トップページである。「インターネットランド」は通称「TOSSランド」の名前で知られている。教材研究にはこれを使う。

例えば、明日、「ごんぎつね」の授業があるとする。ゆっくり発問や指示を考えている暇はない。パソコンをインターネットに繋げて、インターネットランド（http://www.tos-land.net）にアクセスする。

そこから情報を引っ張り出すには、いくつかの方法があるが、ここでは、キーワード検索というのを紹介する。トップ画面にキーワード検索の枠がある。その中に「ごんぎつね」という言葉を打ち込み、検索ボタンをクリック。そこには「ごんぎつね」に関する授業の記録や発問・指示のサイトが19件もヒットする。次に、興味のあるタイトル横の［W］をクリックする。これだけである。そうすると、新しいウィンドウで、授業の情報が手に入る。

ここまでで、わずか3分。まともに国語1時間の授業の準備をしたら、2～3時間はかかるであろう。それをわずか3分で済ませる。後は、プリントアウトしてノートに貼り、授業で使う。時間がない、教材研究の時間を作り出せない人には、絶対にお薦めである。

国語だけではない。算数、理科、社会、音楽、体育、図工、総合といったありとあらゆる授業が網羅されている。

更に、授業サイトだけではない。そこには学級経営に困った時や授業参観の時に使える授業、運動会の種目など、日々の実践に使える情報が満載されている。

（川谷　貴浩）

10　間違っちゃいけない学習障害児への対応

> 「対応に困る」という子どもたちの大半は教師が作り出しているのである。

(1)　「障害」をどうとらえるか

> 　普通学級には，障害を持った子がたくさん在籍している。例えば，メガネをかける必要のある子は視力障害児である。（中略山田）「プロとしての手だて」をすれば立派に育つ子が，教師が「アマ」であるために，「ものすごい反抗をする子」になっている場合がある。これは教師が作ってしまった「問題児」である。しかし，そのことを知っている教師は極めて少ない。
>
> 　　　　　　　　　　『教室の障害児①』向山洋一・大場龍男　（明治図書）

　学習障害児として，たくさんのケースが報告されている。ＡＤＨＤ（注意欠陥多動性障害）ＬＤ（学習障害）アスペルガー障害といった言葉は新聞等でも目にすることができる。クラスの６％の子どもたちは，ＡＤＨＤである，と言う公式見解を文部科学省も出している。しかし，境界線に近い子どもたちも含めるとその数は，さらにふくれあがる。20％と言う報告例も出ている。つまり全ての学級に，ＡＤＨＤの子どもたちは数人はいると言うことが言えるのである。

クラスに必ずいるADHDの子どもたちに,不勉強な教師が指導すると,次のような「2次障害」を引き起こしてしまう。

> ADHDの子どもたちは,失敗経験を積み重ね,周囲から叱責されることが多い。その結果「努力すれば報われる」のではなくて「運が良ければうまくいく」経験を積んでしまう。このため,自分が努力すれば自分や自分の周囲を自分でコントロールしているという感覚,自立性が育たない。自立性が育たないために勝手な行動が身についてしまっている。
> (横山浩之氏論文 『教室の障害児 ①』向山洋一・大場龍男編 明治図書)

(2) どのような手だてを打つか

> ①ADHDの特性についてについて学び,理解する。
> ②特性にあった指導をする。

①ADHDの特性についてについて学び,理解する。

長崎で行われた教育技術学会で向山洋一氏と横山浩之氏の対談で,「ワーキングメモリー」(作業記憶)という言葉をはじめて聞いた。ADHDの子は,ワーキングメモリーが少ないため,作業プログラムが組み立てられず,何をしていいか分からなくなってしまうと言うことだった。衝撃を感じた。つまり,本人には,悪気がないと言うことだ。本人は,教師から言われた通り一生懸命やっているのだ。だが,そういった障害を教師が理解できていないのだ。教師が,説明したばかりのことを「先生,どうやるんですか」と聞く,ADHDの子どもがとる当然の行動を「何をふざけている」「ちゃんと聞いていないから悪いのだ」という対応の仕方をしてしまうのだ。子どもにとっては,

たまったものではない。分からないから聞いているのに、そのように注意されると、誰だっておもしろくないのである。教師の言うことに従いたくないという反抗的な行動をとっても、何ら不思議ではないのである。ADHDの特性については、様々な本が出版されたり、講演会等も行われている。身銭を切って、本を購入したり、講演会に出かけていけばよい。

②特性にあった指導をする。

　ADHDの子どもを指導するだけでなく、子どもを指導する上で、必要となってくるのは、「自分が分かったから、他の人（子）も分かるはずだ」という意識を持ってはいけないということである。しかし、そういった意識を持った教師は、多い。ほとんどの教師がそうだと言って良い。では、ほとんどの教師は、どういう指導を取るか。

算数の場合
●問題を言い換えて、分からせようとする。

　問題の文章に問題があると考え、低学年の教科書に出てくるような内容だったら、分かりやすいと考えて、問題を言い換えたり、図に書いたりする。学習遅進の子どもには、有効な手だてかもしれないが、ADHDの子どもたちは、自尊心を傷つけられ「自分が馬鹿にされた」という意識を持つのである。問題が理解できないのではなく、いっぺんに、言われるので、「何をどうするか」ということが頭の中に入らなくなってしまっているのだ。「ワーキングメモリー」が少ないので、一つ一つ、取り組ませていく。つまり、教師の方で、作業プログラムを立てて取り組ませれば、該当学年の授業内容を理解することができるのである。それを言い換えるのは、「ワーキングメモリー」が少ない子に、さらに混乱を引き起こすのである。
〇どういった指導が効果的か。

　「ワーキングメモリー」が少ないのであるから、1つの内容について、指示を出し、完了したことを確認してから、次の指示を出すようにすればよいの

である。教師の方で，調整をとってあげればよいのである。問題を一問だけだし「自分で考え，自分の方法で解きなさい」という「問題解決学習」では，ＡＤＨＤの子どもたちはお手上げになってしまう。一事に一時の原則（『授業の腕をあげる法則』向山洋一著　明治図書）である。向山洋一氏が，ＡＤＨＤという言葉が聞かれるずっと前から，教室の中の「できない」と言われる子どもたちに，焦点を当て，どのように指導したら「できるようになるか」と言うことを研究して，導き出した原理原則の中の１つである。１つの場面に，１つのことしか指示をしない。理解したつもりでも，実際の指導の場で，使いこなすのは，かなり難しい。

　ＴＯＳＳの書籍及びインターネットランド（ＴＯＳＳ商標）通称　ＴＯＳＳランド（http://www.tos-land.net）には，ＡＤＨＤの子どもたちについて，教師が指導を行った際の記録が，報告されている。「どういった指導法が効果があり，どういった指導法が効果がなかったのか」という報告もなされている。間違った指導はできない子を作る犯罪行為である。そのためにも，教師は学ばなければならないのである。

（山田　智英）

11　教師の実力をつける学習指導案の書き方

(1)　プロの教師なら研究授業に挑戦せよ

　子どもにとって価値ある教師になるためには，授業の腕を向上させるしかない。授業の上手な教師は，学級経営もうまくいく。いわゆる学級崩壊の予兆があっても未然に防ぐことができる。授業の腕を上げるには，研究サークルに入り，模擬授業に挑戦する，有料の講座に自ら進んで参加する，といった手段があるが，勤務する学校で授業の腕を上げるには研究授業を量産しなければならない。授業を第三者の目にさらし，先輩から指導を仰ぐのは価値ある教師になるための必須条件である。機会あるごとに研究授業に挑戦してほしい。

(2)　研究授業と学習指導案はセットである

　学習指導案を次のように定義する。

> 　授業の設計図。授業者はその設計図を元に授業を創造していく。参観者は授業のねらいが達成されたか検証の資料として活用する。

　家を建てるために設計図が必要なように，研究授業にも学習指導案が必ず必要である。研究授業は，①学習指導案　②授業後の文書による反省をセットにしなければならない。
　学習指導案無しでも授業を公開できるが，これでは参観者に失礼である。

授業者も参観者も客観的な検証・反省がしにくくなる。記憶に頼った思いつきの発言ばかりになる恐れがある。ねらいや主な展開案を文章化しておくことで，実際の授業とのずれ，相違点が明らかになる。参観や，研究会・反省がより科学的になる。授業の腕を上げる上達のヒントを入手することができる。

(3) 実力をつける学習指導案づくりの方法

指導案作成にあたって，最低限，次のものを用意する。

Ｂ５のノート１冊。はさみ，糊（スティックのものがいい）

指導案作成に先立ち，研究用のノートを作成する。ノートの内容は概ね次のようになる。

○教科書該当部分のコピー
○インターネットから検索しプリントアウトした資料
○関連書籍・辞書・事典等のコピー
○重要箇所への書き込み（手書き）　朱線
○複数の授業プラン

教科書を活用する授業の場合，まず該当個所のコピーが必要である。重要語句については，国語辞典等で調べておくようにする。教材を貼り付けたらインターネットで資料を検索し，重要なものをプリントアウトする。インターネットランドは必見である。(http://www.tos-land.net)

次に参考図書を最低３冊入手し，熟読する。教科書会社の教師用指導書だけでは勉強不足である。授業にとって必要な箇所をコピーし，ノートに貼り

付けていく。はさみ、糊はその際必要となるのである。

　重要な所に書き込み、朱線を入れ、ノートを加工していく。Ｂ５のノート１冊がほぼうまったら、準備完了である。ちなみにこのような教材研究の方法を提唱したのはＴＯＳＳ代表向山洋一氏である。学校におけるあらゆる研究活動にこのノートづくりが応用できる。ぜひ活用して欲しい。

　教材研究が完了したら、指導案作成にかかる。子どもが授業で学習する時間順に、子どもの学習活動を列挙していく。その活動一つ一つに対応させて教師の行為を並記する。このような授業プランは１つだけでなく、できれば複数プラン考えた方がよい。

(4)　学習指導案に必要な情報

　学習指導案にはいくつかの代表的な書式がある。Ｂ５一枚の略案から、100ページを越す分量の指導案まで様々である。学校によっては統一した書式を設けている場合もある。教科によっても書式が違うので学習指導案の書式は千差万別である。しかし、いかなる指導案でも最低限必要な情報が次の２点である。

---

①　授業のねらい
②　授業の展開

　授業者はねらいが達成できるよう、展開を考え、子どもに関わろうとする。参観者は、展開での教師の一つ一つの行為がねらい達成のために有効かどうか観点を決めて授業を参観するのである。

　以下は国語における基本的な書式である。他の教科にも応用が効く。

　参観者にとってよく分かる指導案を書くためには、ねらいと展開が分かり

やすく工夫されているものがよい。

第○学年○組　　国語科学習指導案

　　　　　　　　　　　　平成○年○月○日（曜日）○校時
　　　　　　　　　　　　　　指導者　教諭　○○○○

1　単元　○　○　○

2　単元について　　○教材観　○子どもの実態　○指導にあたっての３つの観点から簡潔に書く。

3　指導目標　　○教師の立場で書く。（文末は，〜させる。）

4　指導計画　　　　　　　　　　総時数（○時間）
　　　　例　一次　二次（本時）

5　本時の学習
　(1)　目標　子どもの立場で書く。（〜する。〜できる。）
　(2)　展開

学習活動	指導上の留意点
1　子どもの活動を時間順に書く。	・子どもの活動に対応した教師の手だてを記入する。

（山西　浩文）

IV

こうすれば信頼される！
保護者との接し方

1 子どもや親の不安を吹き飛ばす保護者への挨拶
学力保証を前面に出し，保護者の不安を吹き飛ばす

(1) まずは緊張をほぐすような話を先にする

まず簡単な挨拶である。

> この度，○年○組を担任することになった吉武徹也（よしたけてつや）と申します。本日はお忙しい中をご足労頂き，たいへんありがとうございます。

ここで自分の自己紹介をしてもいいだろう。場を和ませるためである。初めての出会いであるから，緊張している保護者がいることを考慮して次の話題を教師が伝えると良い。

○年齢（何歳に見えますか？）と聞くと盛り上がる。
○身長（○センチです）と言うと，そんなことまで話をされるのかと笑いが起こる。
○血液型（何型に見えますか？）。「○型と言われるのですが，○型です」と朗らかに言うと良い。
○（好きな食べ物）適宜述べる。
○（好きなスポーツ）適宜述べる。
○（家族）こう見えても，「独身です」などと言うと場も盛り上がる。

最初から固い話では保護者の方が身構えてしまうからである。

(2) 学校と教師の役割について話す

緊張がほぐれたところで，学校と教師の役割について話す。

　先日，大切なお子様をお預かりしました。そのおり話したことが2つあります。ひとつは，学校は何のためにあるのか，ということです。それは，「みんなで勉強するためにある」こと。もうひとつは「みんなが仲良くするためにある」こと。この2つを話しました。

　例えば，「逆上がりができない」，「計算が苦手」，「水泳が苦手」という子がいる。そのような子の学力や体力を伸長していくのが教師の役割であることを語る。保護者は「ふ〜ん」という面持ちで話を聞くだろう。これを最初の挨拶で話すのだ。その後，次の用紙を全部の保護者に配る。正進社テストに付いている「やる気わくわくチェック表」（『注文先：東京教育技術研究所 FAX　03-5702-2384』）だ。

このやる気わくわくチェック表というのは，下記の10項目をさす。

---

①教科書・ノート・鉛筆・下じき・消しゴムを忘れずに持ってきている。

②算数の授業で使う道具（三角定規，コンパス，分度器など）を忘れずに持ってきます。

③先生の言う「教科書の何ページを開きなさい」がすぐできています。

④ノートに数字を書くとき，丁寧に書いています。

⑤分からない時，疑問に思ったとき，質問しています。

⑥問題を解いたら，もう一度見直しをしています。

⑦間違えた問題は，もう一度やり直しをしています。

⑧新しく習ったことは，その日のうちに，もう一度勉強しています。

⑨小数のかけ算，わり算ができます。

⑩家で算数の勉強をしています。

子どもたちに，やる気わくわくチェック表を配った時の話を保護者にも話す。

　これは，やる気わくわくチェック表といいます。10個イラストが書いてありますね。これは，算数のお勉強ができるためのコツが書いてあるのです。この中で３つ以上「◎」が付けば，お勉強が大好きになり，分かるようになります。ひとつでも「◎」が多く付くようにがんばっていきましょう。

(3) 子ども自身で付けたやる気わくわくチェック表を保護者に配る

　10項目について，子ども自身でまずチェックをさせる。

　いつもするなら「◎」。ときどきするなら「○」。ほとんどしないなら「●」と自己診断させる。

　この子どもがチェックしたやる気わくわくチェック表を保護者参観の時に配るのだ。保護者はどんな反応をするか。

> うちの子は，「○○ができているなあ」
> 　　　　　「○○の努力が足りないなあ」

　上のように反応し，家庭できちんと「勉強できているか，我が子を見てみよう」という気になる。また，評価に反映することも伝えると効果倍増だ。これで動かない保護者はまずいない。

> 　やる気わくわくチェックの10項目が通知表の「関心・意欲・態度」の評価に反映します。10項目のうち，ひとつでも「◎」が増えれば，通知表の興味・関心・態度の欄に「○」が付くことになりますので。

　これで保護者は，「学力をきちんと保証してくれそうな先生だ」，「今度の先生はひと味違うな」と大いに期待するだろう。

（吉武　徹也）

2　20分あれば書ける！　親も子どもも喜ぶ学級通信のノウハウ

(1)　教室にヘビが出た！

『学級集団の形成の法則と実践－学級通信アチャラー』（向山洋一著　明治図書　P15）に学級通信の書き方がある。これが私の学級通信の元である。20分で書けるコツを述べる。

①通信のレイアウトに全くこらない。
②書くことはポイントだけ。
③文をずらずらと並べていく。
④一気に書き上げる。
⑤見出しはインパクトをつける。

学級通信のレイアウト
教室にヘビが出た

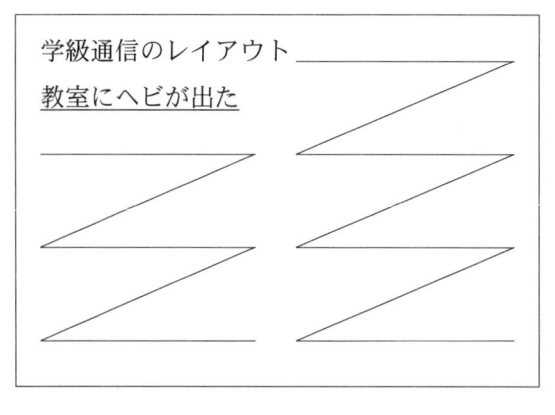

この４つは全て向山氏のアチャラを元にしている。やたらとレイアウトにこっている学級通信を見るが、保護者の立場になってみたらどうであろうか。確かに見栄えはいいが、中身が連絡ばかりになっている場合が多い。これでは、保護者は読まない。

これは15年度、5年生の学級通信である。

学級通信１号	
日本一の〇〇なクラス 　一度旧教室から、荷物を持たせて、学級編制を体育館で行った。隣のクラスの先生と交代に子どもの名前を呼んでいく。名前を呼ばれるときの子どもたちの表情。誰と一緒かな、どっちのクラスかな？　という不安な表情がありありと伝わってきた。このとき名前を呼んで、返事が小さい子は、やり直しをさせた。寺田先生も同じである。(これはとっても大切なことだからだ。)学級編制が終わると教室にもどった。早く終わり、時間があったので、簡単に自己紹介を行い、以下の話をした。 【学校とは】 末光：「学校は何をするところか知っていますか？」子ども：「勉強です。」末光：「その通りです。学校は勉強するためにくるのですね。でも、みんなの中には、漢字が苦手、とか、計算が苦手、とか跳び箱が跳べないとか、二重跳びができない、とかいるでしょう。手を挙げてごらん。」子ども：5～6人挙手。 末光：「それはそれでいい。でも、この１年間でその苦手だ、とかできなかったというのが、できるようになった、好きになった、と言うようにしていくのが先生のお仕事です。でも、先生ばかりががんばっても絶対にできません。みんながんばら	〇見出しは「おや!?」とか思わせるものを考える。 〇できるだけ情景が伝わるように様子を語りたい。 〇趣意説明を必ず通信に入れる。教師の意図を保護者に伝えるためである。 〇「　」を入れると情景が伝わりやすい。

ないとできないのです。ともにがんばっていいクラスにしていきましょう。」子ども:「はい。」
末光:「他にもあります。分かる人?」子ども:「仲良くするためです。」末光:「その通り! よく分かりました。学校に来ることは,お友達と仲良くするために来るのです。仲良くすることができるのは,人間だけです。動物ではできないことです。いじめがあったり,仲間外しがあったりするようなクラスがいいですか?」　　　　　（後略）

○でも,堅い話はあまり書かない。何となく柔らかい感じの方が保護者は読みやすいようである。

会話文を入れる。ずらずらと思ったことを書いていく。そのことにより,20分で一気書きである。そうしないとなかなか書けない。

> 20分で書くぞ!

(2) 書いたものを必ず読む

学級通信を書いたら,必ず注意することがある。それは子どもの名前である。いつも同じ子ばかり載せるわけにはいかない。これは保護者が一番に分かる。親は我が子の名前が載っているかどうかは気になることだからである。

Ⅳ こうすれば信頼される！ 保護者との接し方

　そこで、名簿を学級通信のファイルに貼っておき、名前を書くと、〇をつけている。これだと同じ子ばかりではなくなる。

　そして、仕上がったものは、他の人に目を通してもらう。私の学校では管理職に見せないといけないのでちょうどいい。誤字脱字まで見てもらっているので、大変に助かる。もしそのまま出していたら、後から大変なことになる可能性がある。（配付文書は校長責任なので、校長が知らない文書は出せない。）

　印刷後にもっとも大切なことがある。これがあるのとないのでは大きな違いである。まず、子どもたちに通信を取りに来させる。それをそのままにして持って帰らせたらだめである。読む子は読むであろうが、読まない子は全く読まない。そして、親に渡すのを忘れる子どもがいる。

　だから、配り終わった後に、教師が即座に読むのである。子どもたちがプリントを取っているところからでいい。子どもはシーンとして、聞く。これは子どもたちは楽しみなのである。高学年であろうと、低学年であろうと共通している。特に、子どもたちを誉めている部分はゆっくりとスピードを落として読む。自分の名前があったら、嬉しいものである。必ず家に帰ったら親に渡すはずである。子どもがにこにこして渡す通信を親が読まないわけがない。

（末光　秀昭）

3　保護者の信頼を得る家庭訪問のやり方

(1) 学校から遠いところからスタート

家庭訪問をする際，大切なことがある。それは，

> どのような順番で子どもたちの家を回るか。

ということである。できるだけ，学校から遠い所からスタートする。そうすれば，ちょうどトイレに行きたくなるころ学校の近くになる。または，自宅へ直接帰る場合には，自分の家から遠い所から回ることも考えられる。とにかく，無理なく回れるように，家が近くの子どもは誰かを考えて，移動に時間がかかりすぎないような訪問順を考えなくてはならない。子どもたちに，

> 地区ごとに，学校から遠い順に並んでごらん。

と言って，並ばせるのも1つの方法である。順番を間違えると訪問時刻に遅れ，訪問前に保護者の信頼をなくすことにもなりかねない。

(2) 家の前で立っていてもらう

地図では確認したのだけれども，実際に行ってみると，どの家が目的の家なのかよく分からないことがある。そんなとき，子どもに家の前に立っていてもらうようにすれば，簡単に見つけることができる。表札がはっきりしな

い家もたくさんある。いろいろ迷っているうちに、予定時刻に遅れることにもなりかねない。予定表で教師が家に来る時間は分かっているわけだから、そんなに子どもたちにとって負担にはならない。もちろん、塾や習い事に行く子どももいるから、その点は配慮が必要である。

(3) 第1印象が大事・挨拶

「今度、担任になりました○○○○です。○○さんの担任になり、光栄に思っています。どうぞ、よろしくお願いいたします。」

このように、きちんと挨拶ができる教師に対して、保護者は、今年の担任の先生は今までとちょっと違うな、そういう印象を持つであろう。ぜひ、心から上のような挨拶ができるようにしたい。

(4) 必要事項の確認

4月に、保護者の方には家庭環境調査票を書いてもらうと思う。そこにあることを確認させていただくようにする。例えば、

○　緊急連絡先
○　かかりつけの病院
○　既往症等

などである。よく分からない内容については，詳しく教えていただく。特に，てんかんなどの発作が起きる子どもについては，どういう発作が起きるのか，どう対処すればよいのかをきちんと確認しておく必要がある。真剣に話を聞く教師の姿を見て，保護者の方は，きっと安心感を抱くと思う。

(5) 家での様子を聞く

> 「帰宅後の〇〇さんはどうですか。差し支えのない範囲で教えてください。」

家庭訪問は，家庭での子どもの様子を聞くいいチャンスである。上のようなお願いの仕方であれば，決して失礼にはならない。保護者の方も，近所の誰と放課後よく遊んでいるのかや，何時頃勉強をしている等，いろいろと教えてくださる。決して，こちらから「何々してください。」とは言わない。家でのことは，保護者自身が子どもと話し合って決めていただくようにする。

(6) 要望を聞く

学校や教師に対して，どういう要望があるのかを聞く。それらに対しては反論せず，全て一度受け入れる。どうしても無理なお願いには，その旨をはっきりと伝える。誠意をつくすことが大切である。

(7) アルバムを見せてもらう

向山洋一先生は，家庭訪問の際，アルバムを見せていただくことがあったそうである。事前にアルバムを見せていただけないかお願いをしておく。見

IV こうすれば信頼される！ 保護者との接し方　133

せていただける場合には、「かわいいですね。」や「病気はされなかったのですか。」などとさりげなく聞く。子どもが誉められれば保護者も喜ぶし、生育状況や家庭環境もアルバムを通して理解できる。

(8) 次の子どもの家を教えてもらう

次の家庭に移動する際，確認の意味で保護者の方に次の訪問先を教えていただくとよい。保護者の方との話のネタにもなり，移動をより素早く行うことができる。

(9) 別れの挨拶・服装

お忙しい中，保護者の方は家庭訪問のために時間を作って下さっている。誠心誠意，お礼を言いたい。服装も，スーツにネクタイなどのように，きちんとしたものを着るようにしたい。

（山下　芳孝）

4　トラブルが起きた時の対処法

(1)　先に手を打たないといけない

事件の日の夜，保護者から電話があった。

> 「先生，私は短気です。先生の話を聞いているときは頭の中が真っ白になりました。もし，その場に息子がいたらどうなっていたか分かりません。(たまたま町まで買い物に出かけていた。)事件のことを息子から話してきました。普通だと，かっとなっていたと思います。冷静な対処はできなかったと思います。
> 　しかし，先生から連絡を受けていたし，どのようにしたらいいのか考えることができたので，うまく対処できました。ありがとうございました。」

　これは，トラブルが発生した日のことであった。保護者は安心したように電話を切った。もし，私がこの事件のことを先に連絡をしていなかったら，おそらくこうはならなかったはずである。ごたごたになっていた可能性がある。事件があったら，管理職にまずは事件のことを告げる。次に，方針が決まったら，保護者へ連絡をすぐに取る必要がある。そこで，今回の事件の概要について書く。
(トラブル概要)

> 　B君の家にA君が遊びに行った。そのときに，A君がB君の持ち物(ネ

Ⅳ　こうすれば信頼される！　保護者との接し方　135

> ックレス：1800円）を自分の鞄の中に入れて持ち帰る。B君は，A君が帰った後，そのネックレスが無くなったことに気付いており，母親に相談している。さらに翌日，B君は担任の先生（隣のクラス）に相談している。A君は翌日，ネックレスを学校に持ってきており，「自分の物だ。」と人に見せる。
> 　B君の担任の先生から，事件の概要を聞いて，指導を行った。

(2) 状況を把握しておく

　学校に着くと，隣のクラスの先生が心配そうに話しかけてきた。（私はその日は出張があり，午後に学校に来たのである。）「先生のクラスのA君のことです。昨日，私のクラスのB君の家に遊びに行ったそうです。そのときにB君が持っているネックレスみたいな物を鞄の中に入れたそうです。それを今日，学校に持ってきているようです。」と話を聞いた。末光：「それでどうしました？」「先ほど，A君を呼んで，話を聞いてみました。すると『取った』とは言わなかったですが，『鞄の中に勝手に落ちて入っていた』と言いました。」

> 　そのB君の担任の先生が指導をしたが，A君は自分がしたことを認めなかった。A君は自分の鞄の中に，ネックレスが勝手に入っていたと主張していたのである。先生が，「もしかしたら，知らないうちに鞄の中に入っていたのかもしれないね。」と言うと，A君は「そうです」と言っていたのである。その先生の言葉に甘えて，嘘をついていたのである。

　末光：「ありがとうございました。いろいろとお手数をおかけしました。今からA君に話を聞いてみます。」この時に，指導を間違えるととんでもないこ

とになると思った。1つは、そのA君の人権のこと、もう1つはクラス全体への影響（A君はクラスの中で一番に力が強く、やんちゃ坊主）。そして、B君との関係であった。とにかく指導する上では、下手なこと、余計なことは言えなかった。大切なことは、次のことと考えた。「自分の非を認め、謝らせること。」であった。

(3) 先生は、あなたの味方です。（伴一孝氏の追試）

　A君だけ呼んだ。そして、次のように指導を行った。
教師：「何か先生に言いたいことはありませんか？」A君：「いえ。」
教師：「今日の朝のことですよ。」　A君：「あっ。はい。」
教師：「言ってごらん。」　A君：「午前中に、隣のクラスの先生に呼ばれました。そして、B君のネックレスが間違ってぼくの鞄の中に入っていたので、それを返しました。」
教師：「どのようにして、あなたの鞄の中に入ったのですか？」　A君：「B君と遊んでいるときに、机の上にあったネックレスが、たまたまチャックが開いていたぼくのバックの中に入りました。」
教師：「そうですか……」「本当にそうなのですか。正直に言ってごらん。」
　話をするときに、A君の表情をじっとみていた。目はきょろきょろ、足は揺れている。明らかに動揺しているのが伝わっていた。教師：「あなたが今本当のことを言ったら、先生はあなたの味方になれます。しかし、嘘をつくようであったら、後から本当のことが分かっても味方にはなれません。」A君：「はい……」
教師：「正直に言ってご覧なさい。」　A君：「はい、ぼくが取りました。」
教師：「そうか。よく話をした。正直に言ったね。全部言ってご覧なさい。」
　A君は自分の非を全てを認め、B君にも担任にも謝った。

(4) きっちりと詰める

　子どもには，自分から親に話をするように伝えていた。（しかし，ほとんどの子は言わないことが多い）だから，前もって，保護者には伝えておく必要がある。当然，保護者は事件に驚くが，今回は，母親が冒頭のように私に電話をかけてくれた。その後は，保護者も子どももＢ君の家に電話をかけて，謝ったそうである。Ｂ君の母親からは，「これからも遊んでね。」と言われている。指導を間違っていたら大変なことになっていた。保護者への対応も即座にできた。家庭同志のトラブルになった可能性もあったが，伴氏の指導を知っていたおかげで，うまく対応できた。最後の保護者への連絡が大きかった。ここまできっちり詰めないと，指導にはならない。その後のＡ君は，表情が変わってきた。クラスのムードメーカーであるが，下手をすると反対の方に引っ張るところがあった。しかし，その後はそうではなくなった。例えば，草取り。いつもだと，文句を言いながらやる子である。ところが違う。「おい，みんな。草取りをがんばるぞ！　おう！」と勝手に盛り上げている。なんといっても顔の表情が軟らかくなったのが，一番の変化である。

（末光　秀昭）

5 保護者が安心する学級懇談会の仕組み
～学級懇談会には，必ずモノを準備する～

　保護者の方々が「安心」する学級懇談会には大切なポイントがある。
　それは，子どもの事実を示すことである。
　言葉では，綺麗ごとをなんでも言えるが，事実がないと保護者の方々は心から安心はできない。特に，学級懇談会では，わざわざ仕事を休んでまで参加して下さるのである。万全の準備をして臨みたい。
　保護者の方々が「安心」する学級懇談会にするためには，次の事実を示すとよい。
・勉強をきちんとしている。
・級友と仲良く学校生活を送っている。
　上の2つを懇談会で効果的に取り上げるために，以下のようなモノを準備するとよい。

(1) 「勉強をきちんとしている」事実を示す

　子どもたちのノートを事前に集めておく。向山型算数で指導した「うっとりノート」全員分や，国語，社会などのノートもできれば集めて，保護者の方々が自由に閲覧できるようにしておく。例えば，教室後ろの棚に，各教科のノートを個人別に積み「ご自由にご覧下さい」と一言声をかければよい。こうすれば，我が子のノートだけではなく，お友達のノートも気兼ねなく見ることができる。
　子どものノートには，普段の授業がそのまま表れる。よって毎日の授業でのノート指導が大切となる。
　□日付やページ，問題の番号がきちんと書いてある。

□赤鉛筆で○や×がきちんと書いてある。
□丁寧で濃い（B以上）文字が書いてある。
□定規を使っている。
□プリントやスキルのテストがノートに貼ってある。
□担任のスタンプやコメントがある。

　学級の中で一番お勉強の苦手な子のノートが，上の条件をきちんと満たすように日々指導にあたらなければならない。

　ノートは毎時間，授業中にチェックすることをお勧めする。後から集めてしようとすると長続きしない。算数であれば「3問目ができたら持っていらっしゃい。」と言って持ってきた子のノートに赤鉛筆でどんどん○をつける。授業時間が終わる1分前に「ノートを見ます。」と言ってスタンプを押していく。色々な方法があるが，とにかく毎時間「教師の目を通す」ことが大切である。授業時間内で全員ノートをチェックするのは，最初は時間がかかるかもしれないが「子どもがノートを見せる時は，教師側に向けて出させる」「両手でノートを開いた状態で持たせる」などの工夫をし，毎日努力していくことで，必ずできるようになってくる。

　ノート以外にも準備したいのが「赤ねこ漢字スキル」「赤ねこ計算スキル」である。このスキルは直接書き込んで学習することができるので，学習の結果がそのまま見てとれる。きちんと解いてあるスキルがあれば，それだけで「日々の授業がきちんとしている」事実を示すことができるのである。

　スキルは必ず授業時間の中で扱う。宿題にするとできない子がいて，どんどん白紙のページが増えてしまう。そうならないために，45分の中で，スキルの時間を確保できるように授業を構成する。問題を解いて丸つけ（当然子どもがする），教師のチェックまで含めて5分から7分位である。宿題はしてこない子どもが悪いのではない。宿題にする教師の方に責任はあるのである。

(2) 「級友と仲良く学校生活を送っている」事実を示す

　子どもたちの学校生活の様子を「デジタルカメラ」や「デジタルビデオカメラ」で記録しておく。できれば，普段見ることができない「給食時間」や「掃除時間」，「昼休みの共遊」などもオススメである。

　デジタルカメラであれば，パソコンにおとしてスライドショーにする。できればプロジェクターを使い，スクリーンに拡大して投影するのがよい。写真についてのコメントを担任は短く入れるようにする。同様にデジタルビデオカメラをプロジェクターにつないで，子どもたちの普段の様子を流す。あまり長いと場がだらけてしまうので，適切なシーンを編集してつないでおくとなお良い。

　学級懇談会で，子どもたちの写真やＶＴＲを提示する時には，必ず「学級全員一人もれなく」登場するように配慮する。これは一人ずつ写真を撮ったり，学級全員の記念写真などを用いたりすれば容易にできるが，逆に気をつけなければならないことがある。それは，登場する回数が偏らないようにすることである。目立つ子や写真好きな子は何回も登場して，目立たない子（おとなしい子）は１回しか登場しないというのでは，保護者の方に申し訳ない。目立たない子が多く登場する位に準備をして丁度よいのである。

　以上の２つが満たされれば，保護者は「安心」して学校を後にできるのであるが，さらに保護者の「満足」を得るために次のような準備をすると良い。

(3)　メモの必要な情報を用意する

　お仕事を休んで参加して下さっている保護者の方に「参加してよかった」と思ってもらえるようなお土産を用意することをお勧めする。例えば「脳」の話であったり，基礎学力についてであったり，お土産になる話は担任の得意分野でよい。ただし，新聞に載っているような誰でも知っている情報は不要

である。TOSSランドには保護者向けの情報も沢山網羅されている。活用できそうな情報をプリントアウトし，ノートに貼り付ける。その中からさらに使えそうなものを選び出して，保護者の方にお話するのである。ただ資料を読み上げるのではなく，一度自分の中できちんと消化し，できれば何も見ずに話す方が説得力が出てくる。事前の準備が必要である。

(4) 模擬授業をする

　授業参観で扱った内容をさらに深めてもよいし，全く新しい題材でもよいが，保護者の方々に子ども役になって頂き，模擬授業をするのもおもしろい。時間は短くて（5分程度）よい。漢字文化やサイトを使った授業を準備するようにする。五色百人一首や英語カルタ，百玉そろばんなどを実際に体験して頂くのも保護者の方々に好評である。

　保護者の方々が「安心」する学級懇談会にするためには，日々の実践を充実させることが最重要である。子どもたちの事実で保護者の方々の安心を得られるよう，これからも真摯に努力していきたい。

（松田　健之）

Ⅴ

あなたの力量を
優れた教材が支える

1　絶対にお薦め！　クラスがまとまる「五色百人一首」

(1) これほどすごい教材は他にない！

　毎年，必ず担任したクラスで行っているものがある。それは，「五色百人一首」である。これだけは，欠かしたことがない。1年生を担任した時も，百人一首を行った。

　毎年，必ず百人一首を行うのには訳がある。それだけ魅力のある教材なのである。驚くほど，クラスがまとまる。最初，私も半信半疑で百人一首を始めたのだが，それ以来，止められなくなった。子どもがとても喜ぶし，保護者からも感謝されるからである。

　「五色百人一首」の4つの効果をTOSS五色百人一首協会事務局長の小宮孝之氏は以下のように述べている（『向山型国語教え方教室・創刊号2001』明治図書　P61）。

1．男女の仲がよくなる。 2．学級が明るくなる。 3．子どもに自信がつく。 4．学級が知的になる。

　上のような効果はすぐに得られる。
①男の子，女の子と関係なく，クラスみんなと対戦する。手と手が触れ合う。笑顔がこぼれる。自然と仲が良くなるのである。
②試合があれば，勝ち負けがある。勝ち負けがあるからこそ，楽しい。子ど

もたちは楽しんで取り組む。学級が明るくなる。
③頭が賢い子が勝つとは限らない。普段の生活の中で、あまり目立たない子が勝ったりする。百人一首が得意な子が出てくる。子どもに自信がついてくる。
④百人一首をしばらくやっていると、どんどん覚えて、休み時間など百人一首をそらんじる子が出てくる。また黙っていても、子どもは図書室から百人一首の本を借りてくる。1年生の子どもが休み時間に、百人一首の本を黙々と読むのである。知的な学級になる。
「五色百人一首」は、絶対に学級づくりにお薦めする。

(2) 楽しむための2つのポイント

先のような効果を得るためには、いくつかポイントがある。

> ①毎日、行う。

「毎日、百人一首をする時間なんてあるの？」と思われるかもしれないが、大丈夫である。それは、短時間で試合ができるからである。「五色百人一首」とは、100枚を5色に分けて、1試合を20枚で行う。100枚する訳ではない。20枚で1試合終わるから、慣れてくると、1試合が3分で終わる。私は、毎朝、「朝の会」の時間に行っている。

時々、授業が早く終わって、ちょっと空いた時間にも行うことがある。

> ②教師が、朗々と読む。

教師が読まないと、百人一首を楽しめない。朗々と詠めば、それなりに雰囲気を出せる。どうしても不安な方は、この章の最後に紹介してある「東京

教育技術研究所」に百人一首CDも販売されているので,問い合わせてみるとよい。CDを何回も聞いて,練習するのである。

　間違っても,子どもに読ませたり,CDをそのまま使ったりしてはいけない。リズムとテンポが悪くなる。

　2つのポイントを外さなければ,楽しい時間を過ごせる。

(3) 子どもが喜ぶ,保護者から感謝される

　「百人一首」は1年生でも十分楽しめる。1年生でも,「百人一首」が大好きになる。古典的な言葉遣いも心配ない。子どもは喜んで試合をし,そしていつの間にか覚えている。担任したA子(1年生)の作文を紹介する。

> 　せんせい,あのね。ひゃくにんいっしゅは,おともだちとしょうぶをして,どんどんおぼえるからたのしいです。まけてもかってもおもしろいです。いつも,あしたのしあいがたのしみです。あしたは,Mくんとたたかいます。また,Mくんとたたかいたいです。まけたり,かったりするからおもしろいです。あしたはかてるかなあ。

　授業参観の終わりに「百人一首」をした。参観した保護者は驚きの表情で子どもたちを見ていた。私が「うかりける〜」と読むと,教室中に「はい!」「はい!」と子どもの声が響いて,札を取っている子どもの姿を見ると,驚くのも無理はない。保護者からいただいた手紙も紹介する。

> 　百人一首は,日本の昔からの遊びで,最近家庭でされている所は少ないと思います。学校で百人一首をする機会があって,我が家でもするようになりました。親子のコミュニケーションがあり,とても良かったと思います。遊びながら覚えるので,すぐ覚え,将来役立つと思います。こ

ういう機会をいただきまして，ありがとうございました。

「百人一首をやりたくても，やり方が分からない」と心配されるかもしれない。その心配も必要ない。百人一首の字札を購入すると，手引き書が無料でいただける。それには，百人一首のやり方や最初の指導法が詳しく書かれている。

4月から，誰でも，簡単に，楽しい学級づくりができる。

お申し込み，お問い合わせは，東京教育技術研究所まで
TEL：03-3787-6564　FAX：03-5702-2384
字札：1箱900円，絵札：1箱900円

※2人1組で試合をします。40人クラスなら字札（取り札）20箱，絵札（読み札）1箱で試合が行えます。

（川谷　貴浩）

2 平均点がみるみるアップする「漢字スキル」「計算スキル」

(1) 「漢字帳にギッシリ書く」は間違いである

　私たちが子どもの頃に経験した、漢字帳1ページに漢字をダラダラと書くという指導では、子どもは漢字を覚えない。覚えるのは、できる子だけである。できない子は、どれだけ漢字帳に書いても覚えない。
　漢字には覚え方があるのである。その覚え方をマスターできるのが、『あかねこ漢字スキル』（光村教育図書）である。

(2) 平均点95点を突破する「漢字スキル」の使い方

　漢字の覚え方は、3つのステップからなる。
　1つ目は、「指で書く」段階である。いきなり鉛筆を持たせない。まずは、机に指先で書いてみるのである。「イチ　ニイ　サン」と書き順を言わせながら書く。
　2つ目の段階は、「なぞる」段階である。指で書けるようになって初めて鉛筆を持たせる。いきなりマスに書かせてはいけない。薄い見本の字をなぞらせるのである。なぞることで字形をマスターできる。
　そして、3つ目の段階。見本を見て「写す」段階である。
　この3つのステップを子ども自身が学びながら覚えることができるのが『あかねこ漢字スキル』である。

(3) 計算ドリルでは基礎学力がつかない

　計算ドリルが宿題になっている教室も多い。しかし，計算ドリルでは子どもたちはできるようにならない。理由は，ドリルには直接書き込みができないし，答え合わせの際，答えしか掲載されていないからである。途中の式は省かれてしまっている。これでは，できない子は，どこが間違いだったのかを確認することができない。力がつかないのは当然である。

(4) 平均点95点を突破する「計算スキル」の使い方

　できない子どもが，いつの間にかできるようになる教材，それが，『あかねこ計算スキル』（光村教育図書）である。書き込み式の教材になっており，どの子もゆったりと書くことができる。さらには，自分の力に応じて，コース選びができる。計算が速い子は5問コースを，苦手な子は2問コースを選択すればよい。5問正解でも2問正解でも100点になる。だから，苦手な子でも100点をとることができる。

　さらには，答え合わせの際，途中の式も全て解答欄に掲載されている。間違えた場合は，どこが間違えたのかが分かるし，時間が無くてできなかった場合も，「写す」ことができる。1時間の授業の終末に，毎回取り組むことで，できない子が「写す」ことを繰り返し，高得点をとったという報告も数多くなされている。できる子も力がつきできない子もできるようになる。まさに，魔法の教材である。

（小田　哲也）

3 「できた！」と子どもたちが喜ぶ「くるりんベルト」「スーパーとびなわ」

(1) どの子も，自分から練習したがる「くるりんベルト」「スーパーとびなわ」

「くるりんベルト・スーパーとびなわ」の最大の特徴は，子どもたちが自分から練習するということである。通常，鉄棒や縄跳び，と言った体育の種目は，練習する子はするけど，しない子は全くしないという傾向にある。それが，「くるりんベルト・スーパーとびなわ」を使うだけで，どの子も，自分から練習したがるようになるのである。

なぜ，自分から練習したがるようになるのか

> ①「くるりんベルト」を使えば，教師の補助なしで逆上がりができるようになる。
> ②「スーパーとびなわ」を使えば，普通の縄跳びを使ったときよりも縄を回しやすくなり，二重跳びがやりやすい。

ということを，使用することによって，子ども自らが体感するからである。逆上がりが今までできなかった子どもが，「くるりんベルト」を使えば「逆上がり」ができるようになり，「がんばれば自分にもできるかもしれない」という意欲を持つのである。「くるりんベルト」や「スーパーとびなわ」は教具として大変素晴らしい。さらに，効果的な指導法を身につければ，子どもたちの鉄棒や縄跳びの技能は格段に進歩するのである。

効果を倍増させる指導法を学ぶ。

　子どもたちに、「くるりんベルト」を使わせて、逆上がりの指導をする際、鉄棒はどの高さが適当だと考えるか。

```
A　あごの高さ
B　胸（乳頭）の高さ
C　おへその高さ
```

　逆上がりを含めた回転運動は、どこを支点にして回るのかを考えるとすぐに分かる。支点は腰の位置になる。答えはCになる。逆上がりができない子は、体が鉄棒から離れてしまうため、体が落ちてしまいできないのである。このように、教師が知っておかなければならないことがたくさんある。しかも、それを子どもたちに伝えなければならない。相手に伝えるということはとても難しい。指示の言葉１つとっても、子どもたち全員に浸透する指示にするのは難しい。

　「できる」ということは子どもの心に「この先生の言うとおりにしたらできる」という尊敬を生む。ぜひ、サークルや講座に参加して身につけて欲しい。「実技」は実際に体験するのが一番だからである。

（山田　智英）

4 ボランティア学習にお薦め「学習点字ペン」

(1) ボランティア学習は，子どもに絶対必要な学習である

> ボランティアは自分から進んでするものです。学ぶものではありません。

 ベテラン教師が，知ったようにこのようなことを言う。しかし，この意見は間違いである。20世紀，先進国の中で「ボランティア学習」をしていない国は，日本だけであった。その他諸外国は，小学校の時期から，ボランティアについて学んできた。
 また，次のような意見もある。

> ボランティアは，人のために仕事をすればいいんです。体験が全てです。

 これも大きな間違いである。道ばたのゴミを拾って「ボランティア学習をさせた」と大いばりの教師は大勢いる。老人ホームを訪問して「ボランティア精神が身についた」と錯覚している教師が五万といる。
 体験も大切なのだが，体験の前に「ちゃんと理解する」ことがもっと大事なのである。「ボランティアについての正しい知識を身につける」ためにある教材，それがTOSSが開発した「学習点字ペン」である。

(2) 教室で、すぐに点字ができる

「学習点字ペン」のよさは、点字の学習をした後、すぐに自分たちで「点字」を書けることにある。ペンの先からゼリー状の液が出てくる。それを専用シートに貼り付けるだけで点字の完成である。専用シートには五十音の見本もついており、どの子でも楽しく点字を書くことができる。

さらに、子どもたちの創造は広がる。点字を使って自分たちにできることを考え出すのである。点字ペンセットには、様々なところに貼り付けられるラベルも付いている。これを使って、教室の中や、学校の中、地域の施設などに点字の案内を書く取り組みに広がっていくのである。理解したことが体験に結びついた瞬間である。このような活動を総合的な学習の時間に仕組み、点字について理解していく。「学習点字ペン」があれば、教師も子どもも楽しく総合的な学習の時間に取り組むことができる。(「学習点字ペン」のお問い合わせは東京教育技術研究所まで　TEL　03-3787-6564　FAX　03-5702-2384)

(小田　哲也)

5　教室がシーンとなる「うつしまるくん」

(1)　「漢字たしかめ50」は子どもの漢字の書き取りの実態把握に最適のページである

　4月当初に，前学年のテストをして，子どもたちの実態を把握しておく必要がある。このページをコピー印刷し配付する。答えの部分を折り曲げる。30分程度で切り上げ，隣同士交換して丸だけ付けさせる。○か×かで迷うときは二人で教師のところに持ってこさせる。

　全員分を教師が再度点検して点数をつけて記録しておく。この実態把握を怠ると大変なことになる。漢字の書き取りの力が伸びない場合，担任の責任になる。その時，「4月当初はもっと低かった」というデータがものを言うことになるのである。

(2)　句読点までを追い読みさせて写させるのが視写のコツ

指示1　○ページを開きます。開いたら，開きました，と言います。
　　　　日付を書き込みます。○月○日ですね。
指示2　左側のページに手本があります。指で押さえなさい。お隣りが指で押さえている人は手を挙げなさい。
指示3　追い読み。（1回通して読む）
指示4　はい，写しなさい。
　　　　写し終わったら"写しました"と言いなさい。
　　　　（遅い子は急ぐようになる指示である）

指示5 では，隣りマスのかべにさわっていないかお隣さんと確認します。さわっていたら，マイナス1点です。

指示6 後は，マスのかべにさわらないように，マスの中に大きく書いていきます。
10分後にお隣と交換して，点数をつけます。はじめ。

(3) 10分間スピードチェック

　手早く写す力（＝速写力）をつけることは大事である。板書したことを素早く写せる，素早くメモが書けるなどは基礎基本である。

　2回だけでは，速写力はつかないので，連絡帳を記入させるときに鍛えることにした。給食の時間の最後，10分間を連絡帳記入タイムとした。手早く書かないと，昼休みは削られることになるので速写力がつくのによい方法であった。

(4) 長文視写で成績処理の時間をつくる

　「うつしまるくん」の裏表紙にある原稿用紙を拡大して，長文視写に使う。出張の時の自習教材，学期末の成績処理，所見記入の時間にあてることもできる。通知表や学習指導簿を学校外に持ち出して，盗難，紛失しようものなら大変なことになる。特に，学習指導簿は数年前の担任の先生にお願いして成績，所見を書き込んでもらわないといけない。絶対に校外に持ち出して記入するべきではない。

(和嶋　一男)

6 子どもが喜んで取り組む「暗唱・直写スキル」

「暗唱・直写スキル」は，TOSS代表の向山洋一氏により開発された教材である。この教材には様々な良さがある。

(1) 何も言わなくても，集中して取り組める

この教材の良さは，子どもたちが集中して取り組むことである。教師の机間指導の足音が迷惑になるぐらいの静けさである。TOSSの教材以外では，このようになることは難しい。

なぜ，TOSSの教材では静かに，取り組めるのか。

> できない子へのさりげない配慮がある。

「暗唱・直写スキル」の使い方の基本は，極めてシンプルである。「読む」→「なぞる」→「覚える」のステップが各ページにはっきりと大きく書いてある。同じページに書いてあるからこそ，やり方を忘れても，ページをめくって確認する必要がないのである。ADHDなどの障害を持つ子は，ページをめくっているだけでやることを忘れてしまう可能性がある。

一見何気ないことであるが，きわめて重要である。このような細かい配慮が障害を持っている子には優しいのである。その優しさがあるから，どの子でも「暗唱・直写スキル」にすぐに熱中して取り組むことができるのである。

(2) 達成感を必ず味わうことができる

　子どもたちにこのスキルの良さを尋ねた。一番多かったのは、「きれいな字を書ける。」である。子どもたちは、きれいな字を書きたいといつも願っている。しかし、字がうまく書けない子も当然いる。どうしても字形が整わないのである。

　字形を整わせるためには、きれいに書いてある字をなぞるということはきわめて効果がある。字のバランスを自然に体験することができるからである。何度も何度もなぞっていくことで子どもたちの字が整っていく。

　集中してお手本をなぞっていくことで、なぞる部分以外のところも丁寧に書こうとするようになってくる。この繰り返しにより子どもたちの字形は自然と整っていく。

　「字がきれいに書ける。」という効果が目に見えて表れてくる。そのことにより子どもたち自身が達成感を味わうことができるのである。勉強が苦手な子は、どうしても達成感を味わうことが少なくなってしまう。字がきれいに書けたということは、小さな小さな達成感かもしれない。しかし、この達成感が子どもにとってはとても嬉しいものである。

　こどもたちが喜ぶ顔を見ることは教師にも嬉しいものである。

　是非お試しいただきたい。

【「暗唱・直写スキル」の注文は、東京教育技術研究所（FAX：03-5702-2384　http://www.toss.gr.jp）へ】

（松原　貴大）

【著者紹介】

伴　　　一孝	長崎市立小江原小学校
山西　浩文	佐世保市立花高小学校
森永　祐司	長崎市立戸石小学校
吉武　徹也	大村市立中央小学校
松田　健之	佐世保市立早岐小学校
小田　哲也	琴海町立尾戸小学校
山下　芳孝	時津町立鳴鼓小学校
山田　智英	波佐見町立東小学校
和嶋　一男	伊万里市立伊万里小学校
藤本　敬介	長崎市立西浦上小学校
末光　秀昭	香焼町立香焼小学校
川谷　貴浩	長崎市立西町小学校
善能寺正美	新魚目町立北魚目小学校
松原　貴大	長崎市立横尾小学校

初めて教壇に立つあなたへ　ウルトラ教師学入門

2004年4月初版刊
2006年3月6版刊

©著者　伴　　一孝
　　　　ＴＯＳＳ長崎

発行者　藤原　久雄
発行所　明治図書出版株式会社
　　　　http://www.meijitosho.co.jp
　　　　（企画）樋口雅子　（校正）㈱友人社・末永
　　　　東京都豊島区南大塚2-39-5　〒170-0005
　　　　振替00160-5-151318　電話03(3946)3151
　　　　ご注文窓口　電話03(3946)5092

＊検印省略　　印刷所　藤原印刷株式会社

本書の無断コピーは，著作権・出版権にふれます。ご注意ください。

Printed in Japan　　　　　　　　　ISBN4-18-114609-X

「学力がつく勉強の仕方」指導シリーズ

向山洋一・板倉弘幸 編

【図書番号 2661 B5判 2460円（税別）】
1年生にする「学力がつく勉強の仕方」指導
TOSS 石黒塾 著

【図書番号 2662 B5判 1960円（税別）】
2年生にする「学力がつく勉強の仕方」指導
TOSS 岡山サークルMAK 著

【図書番号 2663 B5判 2300円（税別）】
3年生にする「学力がつく勉強の仕方」指導
TOSS 北九州教育サークル 著

【図書番号 2664 B5判 2260円（税別）】
4年生にする「学力がつく勉強の仕方」指導
TOSS 愛媛 著

【図書番号 2665 B5判 2100円（税別）】
5年生にする「学力がつく勉強の仕方」指導
TOSS インフィニット 著

【図書番号 2666 B5判 1860円（税別）】
6年生にする「学力がつく勉強の仕方」指導
TOSS 会津 著

個別評定の原理原則
評価に自信がつく指導のポイント

新牧 賢三郎 編

【図書番号 2137 A5判 1760円（税別）】

「向山学級の子どもたちはなぜあのようにすべての子どもたちが力をつけるのか」。その一つの答えが子どもを伸ばす、子どもを認める「向山型評価指導法」なのだ。「向山型評価指導法」は国語・算数・社会・理科・体育・特別活動・ノート指導と非常に応用範囲が広い。これを本書で解明しようとしている。

http://www.meijitosho.co.jp　FAX 048-256-3455
ご注文はインターネットかFAXでお願いします。（24時間OK！）
〒170-0005　東京都豊島区南大塚2-39-5
明治図書　営業開発センター　TEL 048-256-1175

併記4桁の図書番号（英数字）でホームページでの検索が簡単に行えます。＊表示価格は本体価（税別）です。